もう価格で闘わない

人を大切にする経営学会 会長
坂本光司
＆千葉商科大学大学院2020年度
中小企業人本経営（EMBA）プログラム生一同

JN099985

さ出版

はじめに

中小企業の経営環境は年々深刻な状況となってきており、廃業や倒産も加速・拡大しています。赤字率（欠損法人比率）も、好不況に関わらず高水準で推移しており、このおよそ10年間で見ても、おおむね65％前後という高さです。

私は、こうした中小企業の危機の最大の要因は、多くの中小企業が依然として、取引先を初めとする顧客に依存・追随した経営、特に価格の安さに甘んじ、それをセールスポイントとした経営を続けていることにあると考えています。

価格競争をセールスポイントとした経営では、必ず発注者から相見積もりを求められ、「どれだけ安いか」で受注できるかどうかが決まります。だから、受注を確保したい一心で、他社の見積もり書を気にしつつ、人件費や利益をぎりぎりまで削って見積書を提出するのです。そうしなければ、競争見積もりでは勝てません。

このように価格競争型企業はいつも、同業者との価格競争にさらされます。「仕事を取った・取られた」といった、まさに「喧嘩ビジネス」の中で、かろうじて生存しているといっても過言ではありません。

価格は本来、需要と供給のバランスで決まります。ところが価格競争型企業の価格は、原価計算が成立しないばかりか、奈落の底に落ちるように、どんどん低下していくのです。中には、当の顧客が望んでもいないレベルの低価格の商品さえありますが、その裏では、泣いている人々がたくさんいます。

人は、いつの時代も「高くてよいもの」より、「安くてよいもの」を選択しようとします。顧客として自然な行動です。しかし問題は、その価格の程度です。

その価格が、誰かの犠牲・我慢の上にかろうじて成立しているのであれば、その値決めは健全・適正とはいえません。その商品が長く関係者に支持されるとも思えません。価格は、たかが価格ではなく、企業経営の命であり良心なのです。

価格は、ブランドメーカーやその協力企業などの生産者、販売者・物流業者、さらには顧客や地域社会を含めた関係するすべての人々が、程度の差こそあれ、幸せ・喜びを実感できるものでなければなりません。まさに「三方」どころか「五方よし」の価格こそが、正しい価格なのです。

2016年春、私は『さらば価格競争』というタイトルの書籍を、社会人大学院生たちと執筆しました。そのために私たちは、全国の中小企業を対象に「非価格経営に関する実態調査」を行いました。調査項目は多岐にわたりましたが、そのひとつが、本書のテーマでもある「貴社の存立基盤は価格ですか、非価格ですか」という設問です。

約1000社からの回答を得ましたが、結果は、「価格競争型企業」の割合が81％、「非価格競争型企業」の割合が19％でした。価格の安さを売り物にした企業、価格が安いことが存立基盤という企業が、何と8割だったのです。

そしてこの状況は、現在でもあまり変わっていません。そこでこのたび、5年間の変化を踏まえて前著を全面改訂、加筆修正し、新たに十数社の実例を加えて上梓したのが本書です。

取材・執筆は、千葉商科大学（大学院商学研究科）と、人を大切にする経営学会が2020年度から共同開講している「中小企業人本経営（EMBA）プログラム1年コース」のプログラム生が、全員参加の「全体研究」のひとつとして行いました。

本書ではまず、「非価格経営を実現するために必要なこと」として、価格競争から脱するためのポイントを8つに絞って述べました。

次に、全国各地の多種多様な中小企業24社を取り上げ、その経営や価格競争決別のきっかけなどについてレポートしています。読者の皆さんが読みやすいよう、非価格経営のキーワードである「ブランディング」「ニッチ市場」「差別化」「いい会社」に大別して掲載しました。多くの実例が、これら4つのキーワードを複合的に志向して非価格経営を実現していることはいうまでもありません。

最後になりますが、掲載企業の皆様には、本書執筆に際し、ヒヤリング調査にご協力いただいたばかりか、本書への掲載を快くご承諾いただきました。この場をお借りして厚くお礼申し上げます。

本書が、不毛な価格競争型経営との決別を考えている方々にとって、少しでも参考になれば幸いです。

2021年3月

編著者代表　坂本光司

Contents

PART 1 ブランディングで非価格経営を実現する

Contents

PART 2

ニッチ市場で非価格経営を実現する

PART 3 商品力・技術力・サービス力の「差別化」で非価格経営を実現する

非価格経営を進めるために必要な8つのこと

◆「五方よし」の経営を追求する

適正な価格が当たり前の社会となるためには、それぞれの関係者が意識と姿勢を大きく変えることが必要です。「はじめに」でもふれたように、「五方よし」の経営を追求するのです。

発注者は、仕入先や協力企業をコストや景気の調整弁と位置づけるのではなく、自社ができない・やりたくない仕事を担ってくれる共生すべき社外社員・パートナー企業と見なさなければなりません。そう考えれば、発注価格の考え方・あり方も変わるはずです。

受注者、特に中小企業の経営の考え方・進め方も、大きく変えることが必要です。具体的にいえば、取引先の見直しと、非価格競争型経営へのシフトです。

原価を無視したかのような、上から目線で値決めを求めてくる企業や、常識とかけ離れたような異常に低い単価で平然と発注してくるような企業とは、徐々にでも決別すべきなのです。そうした企業と取引を続けていても、未来はありません。

1日も早く価格競争型経営から脱し、非価格競争型経営にシフトしなければ、受注量は確保できても利益なき繁忙状態となり、経営者も、大切な社員やその家族も、さらには仕入先や協力企業も不幸になってしまいます。

もちろんそのためには、他社にはない、価格以外の付加価値をセールスポイントにする経営が必要です。

では、価格以外の付加価値とは何か？　それは、その企業でしかできない・やれない商品の開発力や、その企業にしか創造・提案できない価値あるサービス、顧客が賞賛する組織風土やブランド力であり、それらの根源である人財力やビジネスモデル構築力です。

以下に、価格ではない付加価値をつくることで、価格競争が生み出す最悪のスパイラルから抜け出すための、８つのポイントを述べていきます。

1. 企業経営の真の目的・使命を果たす

企業経営の目的・使命は、企業の業績やシェア・ランキングを追い求めたり、ライバル企業と勝ち負けを競い合うことではありません。

企業に関わるすべての人々の幸せの追求・実現です。企業の業績や勝ち負けは、目的を正しく追求したか否かの結果であり、同時に手段であるといってもいいでしょう。

手段や結果を目的と勘違いをしてしまうと、使命・目的である「人の幸せ」を、逆に手段と考える経営に陥ってしまいます。つまり、目的そのものであるはずの「人の幸せ」を、コスト・原材料、ひどい場合は景気の調整弁と評価・位置づけてしまうのです。

こうした経営学のもとでは、社員は少ないほうがいい、人件費は安いほうがいいということになります。長時間残業、サービス残業、果ては、幸せにすべき人をリストラするなどのことを当然のようにやってしまいます。人件費の固定費化を避けるため、パートや派遣社員などの非正規雇用の社員を増やして、本来正社員が担うべき仕事を、彼ら・彼女らに代替させようとするのです。

価格競争をセールスポイントにする経営を続けている限り、社員はもちろん、仕入先の社員や協力企業の社員などを幸せにできるはずがありません。その時はたまたま運よく受注できたしても、ライバル企業は次回は受注成約を期して、一段とコストを下げた見積書を提出してくるのは目に見えているからです。

自社の側も、ライバル企業がさらにコストを下げてくることはわかっているので、もっと低単価の見積もりを提出せざるを得なくなります。

こうなると、それまでと同様の品質や精度を保証するのはむずかしくなってくるので、ひどい場合、生産面やサービス面での手抜きを行ってしまいます。

近年、多発している製品や商品の瑕疵問題の背景の多くは、「正しい経営を行う」「お天道様に顔向けのできる経営を行う」という企業経営の基本姿勢の欠落はもとより、こうした過度な価格競争がもたらした結果だといえるでしょう。その犠牲は、多くの場合、社員や生活者・顧客が背負うことになります。

価格競争型経営にとどまっている限り、企業経営の使命と責任を果たすことはできません。このことを、企業関係者はまず理解しなければなりません。

2. 価格は需給のバランスで決定する

大企業と中小企業では、使命と責任が異なります。大きな資本力をもつ大企業が創造し対応するのは、規模の大きな市場です。一方、資本力の小さい中小企業が創造し対応するのは、小さな市場・ニッチマーケット・隙間マーケットです。

どちらが強い・弱いとか、善い・悪いといったことではありません。それぞれの社会的使命・役割が違うのです。

魚に譬えれば、大企業は深く広い海で生きる鯨であり、中小企業は浅瀬で生きる小魚です。これが、両者の共生・共存の基礎的条件です。

このことを無視し、中小企業が大きな市場に参入しようとすれば、資金や人財が続かず、大企業である鯨に食われてしまうことは目に見えています。

逆に大企業が、大きな体で小さなマーケットである浅瀬や川に入り込めば、身動きができなくなって哀れな幕切れを迎えてしまうでしょう。

つまり中小企業は、小回りやスピードが活かせる分野、小ロットや短納期が要求される分野、顧客の顔が見える分野、他社がやれない・やりたくない分野で生きるべきなのです。しかし多くの中小企業は、小ロット・短納期で面倒な仕事を嫌い、逆に大ロットで、手ばなれのよい仕事を好む傾向にあります。

その結果、製造業・非製造業を問わず、大手企業の生産下請や流通下請・工事下請などの道を選択するのです。その参入障壁は低いので、多くの同業者や異業種企業が参入し、その価格競争は年々激化していきます。

こうした考えが過当競争を生み、自分や社員、仕入先や協力企業を苦しめてしまっているのです。これでは社員やその家族を幸せにできるはずがありません。

だからこそ、社員や仕入先社員など、関係する人々が幸せになる価格設定が重要なのです。

原価計算上では、価格は、積み上げた原価に必要利益をプラスして決めます。しかし経営学では、「価格はその商品の需給のバランスで決まる」というのが常識です。

供給が需要を大きく上回っている商品の価格は下がり、一方、需要が供給を大きく上回っている商品の価格は上がります。

中小企業が、価格競争や価格の決定に苦しまない経営をするためには、「常に供給不足・

需要超過の分野で生きる」ことが鉄則なのです。

3. 価格競争型経営と段階的に決別する

価格をセールスポイントに経営を続けていると、努力すれば努力するほど苦しさが増してきます。そんな仕事に人は耐えられず、モチベーション・働きがいは低下して、離職を加速させていくでしょう。そうした企業にならないためには、早期に価格競争型経営から決別しなければなりません。

とはいえ、脱価格競争型経営は、一朝一夕にはできません。だから、価格競争に喘ぐ企業がこんなにも多いのです。価格競争型経営から非価格競争型経営にシフトするためには、長い努力と、そのための覚悟・準備が必要です。

まずは経営者が時代の変化を直視し、強い危機意識と変革の覚悟をもつことです。その変革の必要性は、今や待ったなしです。経営者が「もう価格競争では闘わない」という覚悟と決意を決め、次に全社員参加のもとで、非価格経営ビジョンを策定するのです。

そのためには、優秀な人財の確保・育成・定着と、ソフト面・ハード面での体制整備が必要になります。しかし、非価格経営へのシフトを急ぎすぎて空中分解してしまい、哀れな幕切れとなってしまった企業も少なくありません。

「ゆっくり、そして着実に」が一番です。社員も、夢と希望のある苦労や苦しみであれば、耐えることができるはずです。

そのためには、非価格競争型企業になるための「10年計画」あるいは「20年計画」を全社員で立案し、P・D・C・Aサイクルを回しながら、1年間で数パーセントずつ、非価格競争分野を創造し確保していくのです。

10年後、売上高の1割程度でも非価格市場になれば、おそらく企業経営に明るい将来が見えてくると思います。

4. 非価格経営を創造する

非価格経営には大きく、ハードとソフトの2つのパターンがあります。ハードな非価格経営とは、自社しかできない・やれない価値ある商品を創造し販売する経営です。

その商品の市場シェアやランキングがきわめて高い、もしくは一番といったレベルの、「ナンバーワン経営」ではなく「オンリーワン経営」ということになります。

より効果的なのは、新商品に主導された経営です。その商品がローテクであれハイテクであれ、どこよりも早く価値ある新商品を出し続けるといった経営です。

この場合、特許など知的所有権を申請・取得するのも一案ですが、それによるメリット・デメリットも多くあるので、慎重な判断が必要です。

もうひとつのソフトな非価格経営とは、モノではなく、企業のソフト面の競争力、つまり魅力による経営です。

①値段は他社より少々高いが、接客サービスやアフターサービスが抜群
②値段は少々高いが、素敵な社員がいる
③値段は少々高いが、たとえ1個でも対応してくれる
④値段は少々高いが、短納期でも対応してくれる
⑤値段は少々高いが、困った時にすぐに飛んできてくれる
⑥値段は少々高いが、ワンストップサービスをしてくれる
⑦値段は少々高いが、社会貢献・地域貢献に献身的である
⑧値段は少々高いが、決して嘘をつかず安全・安心である
⑨値段は少々高いが、いつも親切・ていねいに対応してくれる
⑩値段は少々高いが、品質・制度が抜群である

等々の競争力です。

それぞれは、小さなことかもしれませんが、これら1つひとつの非価格競争力が増加していくにつれ、まさに「小差が大差を生む」ことになり、ファンのような顧客が増加していくのです。

こうしたソフトな非価格経営は、ハードとは異なり、それほどの投資を必要としません。それどころか比較的に短時日に実行することができます。

5. 創造型人財を確保・育成する

非価格経営の担い手は他でもない、人財です。その人財とは、指示待ち人財・対応型人財・自利型人財ではなく、創造型人財・提案型人財・利他型人財です。

こうした人財なくして非価格経営の実現は困難です。だからこそ、企業は好不況を問わず、人財の確保・育成に注力しなければなりません。

しかし多くの中小企業は、「人財、人財」という割には、人財確保や育成への思いが強くありません。

「今年は不況だから、人を採用する計画がない」とか、「主要な取引先が元気がないので、人は採用できない」などと、真面目な顔で言う経営者がいます。

これほど間違った経営の考え方・進め方はありません。好況を持続させるのも、逆に不況を克服するのも、その唯一の経営資源・担い手は人財だからです。

不況だからこそ、それを克服する新たな人財が必要不可欠です。その努力をしない企業の業績回復は、自立型ではなく、あいも変わらず他力本願的といわざるを得ないのです。

ですから中小企業は、好不況を問わず、また円高・円安などを問わず、価値ある人財を求め続けなければなりません。

この場合、門戸は広く開けておくべきでしょう。求める人財も、老若男女、新卒・中途、日本人・外国人の如何を問わず、のほうがよいと思います。

というのも、場が変わったり、チャンスを与えることで、水を得た魚のように力を発揮してくれる人が数多くいるからです。世の中には、経営の考え方や職場風土、人間関係などの問題で、能力を発揮していない・活かされていない人財がたくさんいます。

人財の確保でもうひとつ大事なことは、今いる人財、せっかく確保した人財のブラッシュアップ対策です。

市場も技術も秒針分歩で変化し、また顧客のニーズやウオンツも年々高度化・複雑化・多様化してきている時代です。その半歩先、一歩先の知識と情報をもつ社員がいなければ、価値ある新商品やサービスの創造・提案などできるはずがありません。

人財育成には、大きく「O・J・T」、「OFF・J・T」、そして「自己啓発支援」がありますが、一番大切なのは、手法・制度ではなく、人財を育て評価する社風であり、経営者を初めとした先輩たちの真摯な学ぶ姿勢です。そして、それらを前提にした、「血の通った社員成長のための支援システム」があることだと思います。

ちなみに、人財が豊富な企業の社員1人当たりの年間教育訓練費は、おおむね10万円以上、または総実労働時間に占める教育訓練時間は5％程度以上、あるいは売上高の1％程度以上となっています。

6．外部有用経営資源を内部化して経営する

大企業と比較して中小企業は、総じて人財・技術・情報などの経営資源に限界があります。しかし中小企業だからといって、市場は下駄をはかせてくれたり、甘く見てくれることはありません。顧客にとって重要なのは、大企業の商品か中小企業の商品かは関係なく、その商品や企業そのものの価値です。顧客にとって企業規模は基本的に関係ありません。

ですから中小企業にとって、大企業に伍して非価格経営を実現していくことは容易ではありません。しかしそれをやりとげなければ、存続することは困難なのです。

では、中小企業はどうやって、非価格面で価値のある感動経営を実行していったらよいのか。その答えを一言でいえば、ネットワーク経営の実行です。外部の価値ある有用な経営資源との連携を密にし、その経営資源を自社の経営資源として高度に利活用するのです。

ここでいう外部経営資源とは、同業種はもちろんのこと、取引先や異業種の企業、さらには弁護士や公認会計士、税理士、社会保険労務士、各種の経営コンサルタントで、行政や大学などの教育・研究機関もそれにあたります。

私はこれらの人々・機関のことを、「第４の経営資源」と位置づけています。人材・技術・情報、または人・モノ・カネに次ぐ資源、という意味です。

これら第４の経営資源を内部化するために、中小企業は井の中にこもらず、仲間を求めて積極的に外に出なければなりません。少なくともいくつかの産学官交流会や異業種交流会、あるいは学会などに参加したほうがいいでしょう。それらの場は、価値ある人脈づくりの格好な場となります。

さまざまな経営の専門家と顧問契約をし、経営に関するアドバイスをしてもらうのも効果的です。例えば弁護士、公認会計士または税理士、社会保険労務士、経営コンサルタントなどの専門家です。

それらの専門家たちには、その人自身の能力や情報力もさることながら、バックには

500人から1000人以上のプロの仲間が控えています。こうした人財をネットワーク化することで、数千人の人財を間接的に確保することができるでしょう。

彼ら、彼女らから日常的に提供される知見や情報は、中小企業の非価格経営の実行に大いに役立つはずです。私の観察では、優秀な専門家には、関係した企業について、まるで自分ごとのように考え、行動してくれる人が多いものです。

こうした人的ネットワークの構築は、単に企業の知見や情報力を強化してくれるだけではなく、市場や技術の業際化・業間化・システム化・トータル化・複合化が進行している近年において、非価格商品の創造面においても、ますます重要になってくるでしょう。

7．適正な価格で経営する

非価格経営は必要不可欠ですが、価格は、高ければ高いほどよいというわけではありません。そんなことをしていたら儲けすぎと評価され、やがて顧客から見放されてしまいます。

すべての商品には、適正価格・値ごろ価格というものがあります。売り手も買い手も、また世間も納得する価格です。

では、適正価格を設定する場合、何を基準にするべきか。それは、原価と利益をどう見るか、ということです。

原価は大きく材料費と加工費がありますが、材料費は業界の常識というものがあるので、それをベースにするのは当然です。次に加工費は、どこの企業にも、いわゆるアワーレート（時間コスト）というものがあり、その商品の生産や販売にかかる時間を掛ければ概算で算出できます。

この場合も適正工数・常識工数というものがあります。重要なのは人件費ですが、地域や業界の平均賃金を踏まえればいいでしょう。

最もむずかしいのは、利益をどう見るか、です。

先日、売上高営業利益率が常に20％である中小企業の経営者A氏と、30％の中小企業経営者B氏と話しました。A氏とB氏は口を揃えて、「上には上があるもので、常に売上高営業利益率が50％という企業があります。当社もそれをめざしています」と言います。

私は２人に、「ところで貴社の社員の平均年齢と平均年収、仕入先との取引条件、社員1人当たりの年間教育訓練費や、売上高に占める研究開発費はどうなっているのですか？」と尋ねました。

２人からその実数を聞いた私は、まず利益率20％の企業のA氏に、「社長さん、社員にもっと還元してあげてください」と話しました。一方で、利益率30％のB氏には、「仕入先や協力企業にもっと還元したほうがいいと思います。その商品の売価も、もっと下げるべきですよ」とアドバイスしたのです。

なぜ、こんなアドバイスをしたのか。それは、私は常々、利益はお客様への感謝料、神様のご褒美であり、適正利益・自然利益というものがあると考えているからです。つまり利益は、高ければ高いほどいいというわけではないのです。

人件費が地域の平均以上であり、未来経費である試験研究費や人財育成経費などにも地域の平均以上を投下しており、仕入先や協力企業へも適正単価で発注しているなら、営業利益率は5％から10％前後で十分だと思います。

そういう会社が、100年以上続く継続企業になるのです。

8. 先進企業に学ぶ

「はじめに」でも述べましたが、日本の中小企業の81％は価格競争が存立基盤であり、非価格経営企業はわずか19％にすぎませんでした。

中小企業の大半が、今後、価格ではなく非価格企業に転換することができなければ、日本の企業の未来は暗いように思います。

経済社会はグローバル化・ボーダレス化が進行し、少子高齢化も加速度的に進んでいます。この右肩下がりの社会の中で、限られた受注を巡る価格競争がなおいっそう激化していくことは確実だからです。

「乾いたタオルを絞れば、まだ一滴や二滴の水は出る」という経営者やコンサルタントも少なからずいます。しかしそんなことをしていたら、みんな不幸になってしまいます。

では具体的にどこからどう手をつけて、非価格経営を実現していけばいいのか。そのヒントは、すでに存在する19％の非価格企業の歩んできた経営にあります。

本書で事例として取り上げた大半の企業も、創業当初は価格競争に明け暮れていました。しかしその後、さまざまなきっかけで、非価格経営に変身しています。

つまり、初めから非価格経営を実行していた企業は、ほとんどないということです。だから、どんな中小企業にも可能性はあるのです。

問題は、経営者や社員に、非価格経営企業になるための、ぶれない強い覚悟があるか否かです。

本書では紙面の限界もあって紹介することができませんでしたが、大阪府にT社という、社員数80名の部品メーカーがあります。ほとんどの部品の生産数量が1個から5個という、超多品種少量どころか多品種微量生産企業です。いずれの部品も、超一流の「職人的技術・

技能者」の、匠の技の手づくり部品で、同業他社ができない・やりたくない製品ばかり。まさにオンリーワンの中小企業です。

同社では受注も、競争見積もりや指値での依頼はすべて断り、自社の言い値で取引をしています。

その理由を前経営者であるW氏に尋ねると、「値決めは企業の命ですから」「私たちは奴隷でも家畜でもないので」と笑って説明してくれたことが印象的でした。

以上が、非価格経営を達成するための8つの基本的な考え方です。

では次に、この8つのポイントのいくつかを実践し、成功した24社の実例を紹介していきます。

取り上げた24社の実例はいずれも、企業経営の最大の問題は、規模や業種、立地場所や取引先などにあるのではなく、経営者の経営の考え方・進め方にあることを明確に教えてくれるでしょう。

PART 1

ブランディングで非価格経営を実現する

ブランディング❶

「健康な体ときれいな水を守る」を理念に無添加石けん市場を開拓

シャボン玉石けん株式会社

（石けん製造販売／福岡県北九州市）

「体に悪いとわかったものを売るわけにはいかない」と、合成洗剤の販売をきっぱりとやめ、無添加石けんの製造販売に転換したシャボン玉石けん。赤字が続き、社員が減っていく中、正しい経営を貫くために17年間耐え続けたからこそ、その価値を認められるチャンスをつかんだ。

◆原料の調達時点から無添加にこだわった石けんづくり

北九州市にあるシャボン玉石けんは、「健康な体ときれいな水を守る」という経営理念のもと、無添加石けんを主とした無添加製品の製造販売を手がけています。社員数は144人、年間売上高は73億円（2020年8月期）、健康志向や環境意識の高まりを追い風に、無添加石けんのトップブランドとして国内外の幅広い年代から支持され、売上成長と黒字経営を続けています。また、2020年の年初から流行している新型コロナウイルス（SARS-CoV-2）による衛生意識の向上が、同社にとっては追い風となっているそうです。

創業は明治43（1910）年、北九州市若松区の雑貨店としてスタートしました。2代目社長の森田光徳さん、そして現在は3代目の森田隼人さんと、事業を継承してきています。現在、同社が製造販売する無添加商品は、化粧石けん、シャンプー、リンス、ハンドソープ、ハミガキ、洗濯用、台所用など。販売は一般流通が7割、通信販売が3割です。安売りや割引は極力行わない売り方が同社の特徴です。

主力商品は「シャボン玉浴用」や「シャボン玉スノール（液体タイプ）」、「手洗いせっけんバブルガード」など。いずれも製造段階で石けん素地100％（液体せっけんの場合は水とカリ石ケン素地）の無添加石けんであることはもちろん、原料調達の段階から酸化防止剤、防腐剤を使用しない真の無添加石けんづくりをしています。

国内の固形石けんは1個30円から１００円といった価格がマーケットの大半を占める中、同社のシャボン玉浴用は１３０円。大量生産の他社製品よりやや割高ですが、手ごろな価格で安全を手にすることができます。

同社の石けんは、職人が7日から10日間かけて釜で炊き込む「ケン化法」という製法でつくられます。釜炊きに10年の経験を必要とするとされ、当然のことながら合成洗剤と比べて原価は高くなります。

しかし、「おたくの石けんは何も添加していないから製造が簡単で安くできるでしょう」と言われることがあります。「何も使わない、ごまかしがきかないのは、つくる側とすれば大変厳しいことです」と専務の髙橋道夫さんは言います。着色料や香料を加えてごまかせば、「ごまかし済み石けん」のでき上がり。しかし、時間がたっても何も変化しない「ごまかし済み石けん」は明らかに不自然です。

例えばリンゴを半分に切ってそのままにしておくと、断面がだんだんと茶色くなりますが、これは「酸化」という自然現象です。同社の石けんは長期保存すれば変色したり斑点がでたりしますが、リンゴの酸化と同じ自然現象であり、使用上問題はありません。

このような非の打ちどころのない非価格商品であっても、販売方法や販売チャンネルを間違えるとさっぱり売れず、収益は赤字になります。大手メーカーの合成洗剤に、まさに「命がけ」で挑んだ同社の戦いは悪戦苦闘の連続でした。

◆体に悪いとわかっている商品を売るわけにはいかない

実はかつては、シャボン玉石けんも合成洗剤をつくっていました。

無添加石けんの開発のきっかけは、1971年に国鉄（現ＪＲ）から、「合成洗剤で機関車を洗うとサビがでる。天然油脂でつくる純度の高い石けんを試してみたい」という注文を光徳さんが受けたことです。

実は、光徳さんは10年来、どんな治療法を試しても湿疹が治りませんでした。試しに、自分がつくった純度96％の無添加石けんを使ってみたところ、湿疹が嘘のように消えたのです。ところが、再び合成洗剤を使うと、また湿疹が出てきます。

当時の自社の主力商品である合成洗剤が長年自分を苦しめていた原因だったことに気づき、愕然としました。その後、体に悪いとわかっている商品を他人様に売るわけにはいかないという「良心」と、合成洗剤を売らなければ会社が続かないという「必要」のせめぎ合いによるストレスで、光徳さんは倒れてしまいます。１９７４年のことです。

光徳さんは病室で悩んだ末に、「合成洗剤を取り扱わない」と決心します。すると途端に容態が回復。退院の翌日、「今後、合成洗剤はいっさい取り扱わない。無添加石けん専業でやっていく」と、社員に宣言します。

周囲は猛反対しましたが、光徳さんの決心は固く、合成洗剤からの完全撤退と無添加石けんの製造販売という、非価格経営に大きく舵を切ったのです。

◆月商は100分の1に、100人いた社員は5人に

ところが、一大決心もむなしく、無添加石けんの「デラックス（現在の粉石けんスノール）」は、まったくといっていいほど売れませんでした。合成洗剤を扱っていたころは月商8000万円以上。しかし、無添加石けんに切り替えた翌月の月商は100分の1にも届かない78万円。それでも光徳さんは、「78万円分の人が無添加石けんを求めている」と決意を固めます。

時代は合成洗剤の全盛期。ラジオやテレビのコマーシャルによる膨大な宣伝が、消費者に便利でよい商品（合成洗剤）ができたと錯覚させました。しかもシャボン玉石けんの無添加石けんは合成洗剤に比べると価格が高く、太刀打ちができません。100人いた社員も5人にまで激減。その後も無添加石けんはあまり売れませんでした。

しかし、愛用者からのお礼状や激励の手紙がいつも送られてきたといいます。光徳さん

は地道に販路を開拓し、自社工場を建て、広告を打ち、新卒者も採用します。正しい道を歩み続けながら、赤字経営はなんと17年間も続きました。

業績好転のきっかけは、光徳さんが石けんのよさを伝えたい一心で、石けん業界全体の底上げを願う思いを込めて1991年に執筆した『自然流「せっけん」読本』です。石けんと合成洗剤の違い、石けんの安全性や環境への優しさなどをわかりやすく説いたこの本は10万部のベストセラーとなりました。

◆「良心」から始まった石けんづくりが成功した理由

同社の第一の成功要因は、「動機が正しいこと」です。

無添加石けんの原点は、真実を知った光徳さんの「良心」にあります。もし合成洗剤も取り扱っていれば、収益は一時安定するでしょう。しかし、愛用者や新たに採用した社員の信用を失うに違いありません。言行に裏表があれば信用できないからです。

『自然流「せっけん」読本』による業績好転も、石けんのよさを伝えたいという気持ちに偽りがなかったから信用されたのです。

第二の成功要因は、「諦めずに続けたこと」です。

普通の経営者であれば、売れない商品はさっさと見切りをつけて経営の立て直しをはかるところです。もし光徳さんが途中で無添加石けんの製造販売を諦めていたなら、今日の成功はありませんでした。

第三の成功要因は、「理念を伝えること」です。

同社にとって石けんを売ることは、「健康な体ときれいな水を守る」という理念を伝え広げることにほかなりません。だから同社は、シャボン玉石けんのことが大好きな人材を採用しました。自社商品が好きなオペレーターは石けんに関する知識を十分にもち、専門的な問い合わせ内容にその場で対応することができます。自社の商品が好きでなくて、どうして社会に理念を伝えることができるでしょうか。

また、社外に対しても、工場見学の積極的な誘致、森田社長による年20回を超える講演活動、ＳＮＳでの発信などを通じて、同社の理念を世の中に伝える努力をしています。最近では、新聞の全国紙で「香害」に関する意見広告（２０１８年６月９日／２０１９年６月９日）を掲載するなど、同社の理念を伝えると同時に、社会に対する問題提起と啓発活動を行っています。

第四の成功要因は、「無添加への飽くなき挑戦」です。

同社は小売業から卸売業、そして製造業へと転換。自社工場では熟練した職人がこだわりの石けんづくりに挑戦しています。厳しい品質基準をクリアしたものだけが製品化されるこ

シャボン玉石けんの「商品紹介」コーナー

とはもちろん、熟練の職人が「これは！」と思えるできばえの石けんをめざしているのです。

◆「世界一の石けんメーカー」へ

一方で同社では、無添加の他の新商品も次々と開発しています。

産学官連携で、世界初となる石けん系消火剤を開発。消火剤開発の経験を元に防腐剤を使用しない無添加液体石けんも開発しました。

２００９年には産学連携で、病原微生物と石けんの関係に関する基礎的研究を行い、感染制御の普及・発展をめざす「感染症対策研究センター」を設立。同センターで新型コロナウイルス（SARS-CoV-2）に対する石けんの抗ウイルス効果について研究し、無添加石けん「手洗いせっけんバブルガード」が新型コロナウイルスを99・99％以上不活化させることがわかり、注目を集めています。

２０１１年には、人体への安全性、高い生分解性などを特長とする石けんを学術的に研究し、石けんがもつ優位性を解明することを目的に「石けんリサーチセンター」を設立するなど研究開発に余念がありません。また、学術的に石けんの研究を進める一方、２０１６年には同社が制作した「手あらいうた」で、楽しく正しい手洗いの啓発にも力を入れています。

これらも正しい理念を伝えるための挑戦であり、その挑戦はまだまだ続いていきます。製品を売ることが理念を広げることにほかならない同社の無添加石けんは、まさに非価格商品です。数千円から数万円する高級石けんにも、決して品質で引けを取りません。しかもそれを普及価格で販売しています。

経営動機の正しさを感じずにはいられません。正しい経営は決して滅びません。同社の歴史はそれを見事に体現しています。

同社では工場見学も盛んに受け入れ、社員は自分の仕事が社会貢献につながっていると実感しています。大手合成洗剤メーカーのような派手な広告はありませんが、ひとつの石けんに込められた心が、確実に社員と愛好者の心をつかんでいます。今や国境や世代を超えてその輪は広がっています。

きちんとした無添加石けんは、世界的にみて非常に少数です。洗濯石けんまで無添加であるメーカーはまずありません。

「健康な体ときれいな水を守ることは、日本だけがやればいいという問題ではありません。その意味でもっともっと世界的に広めていかなければと思っています」と髙橋専務は語ります。同社の海外売上高比率は現在数%。これを10%に高めるのが当面の目標です。

シャボン玉石けんは、無添加石けん市場を生み出しました。石けんという大変身近な生活用品を扱いながら、先端科学を駆使し、多彩なイノベーションで新商品開発を実現させています。その技術で世界の人々に貢献する「世界一の石けんメーカー」をめざしていくことが、今後の同社の命題です。

ブランディング②

オーガニックに特化して平日も満員、リピート率90%を実現

有限会社トランスフォーム

（美容室／東京都中野区）

激しい痛みや咳に悩まされたオーナーが自ら実験を重ね、スタートさせた自然派美容室、トランスフォーム。使用するのは、すべてこだわりのオーガニック製品ばかり。今や平日も満員、都内だけでなく近隣県、さらには新幹線で毎月通うお客様もいるという高リピート率・高客単価を誇る美容室に成長した。

◆アレルギーのある人でも安心して通える美容室

有限会社トランスフォームは、東京都中野区の鷺ノ宮駅からすぐの、スタッフ6人の美容室です。表から見ると普通の美容室ですが、店内に足を踏み入れた途端、一般の美容室にある、ツンとした独特の臭いがいっさいなく、むしろ清々しい雰囲気が漂っています。

過当競争で価格破壊が進む美容業界にあっても、同社は特別な集客をしていないのに、平日から満員です。取扱サービス・商品はすべて非価格商品であり、そのため客単価が1万4000円強と、美容業界の平均客単価約5682円（平成27年厚生労働省）より約8000円も高くなっているにもかかわらず、です。

それは同社がオーガニックにこだわり、シャンプーから毛染めのヘナまで、化学物質を使った液剤をいっさい使っていないからです。「より美しく、より健康に、皆が幸せになれる空間」を経営理念に掲げ、アレルギーの人、自然志向の人が安心して通える美容室だからです。

オーガニックとは、肥料や農薬などの化学合成成分を使用せずに栽培された有機素材のものを指します。同社が使用するオーガニック素材の製品には肌や髪を刺激しやすい化学物質が含まれていないため、敏感肌の人でも肌が荒れる心配が少なくなります。

ヘナは、インドや北アフリカなどの乾燥地域に育つ多年生植物で、草木染めのようにヘナの色素で髪を染めます。天然のものを使えば、頭髪や頭皮を痛めることがないとされています。ひとたびヘナのよさを体験すると熱烈な愛好者となりますが、難点は天然材料100％にこだわると、価格設定を高くしないと経営が成り立たないことです。

無農薬、無添加で、完全に自然の材料だけで製品を安定的につくることはむずかしく、多大なコストがかかります。そのため化学物質に頼ることになりますが、化学物質の中には発がん性物質や環境ホルモン、体質によりアレルギーを引き起こす物質が存在するといわれています。

もちろん、オーガニックだからといって、すべての人に合うわけではありません。日本にはオーガニックの基準がなく、オーガニックとは言いがたい材料の製品が販売されている可能性もあります。

しかし、化学物質を使った液剤などを、自ら厳選したオーガニックな製品に切り替えたことで、自分たちのアレルギー症状が薄らいだと実感したからこそ、社長の酒巻大智さんはオーガニックにこだわっています。

同社の客単価の高さはオーガニックの商品を扱っているためであり、一部の富裕層にターゲットを絞って高級なものを提供したり、酒巻さん自身がカリスマになってブランディングをしているわけではありません。

◆害があるかもしれないものをお客様に勧められない

酒巻さんは大学卒業後の1996年、母が経営する理容店を継ぐことを前提に、23歳で就職しました。その頃はヘアカラーがブームで、ほとんどの女性が髪を茶色に染め、理容店であっても美容室のようにパーマやヘアカラーを頻繁に行っていました。

酒巻さんは24歳でスタイリストとしてデビューし、毎日一生懸命働きましたが、25歳の時に関節や心臓に針が刺さるような激しい痛みが出て、倒れるようになりました。お客様にパーマをしている時に咳き込んだり、激しい咳が止まらず眠れない夜もありました。

その後、店長や新人スタッフにも、次々と同じような咳が出るようになりました。そうした毎日を過ごす中で、酒巻さんは理美容の仕事に疑問を抱くようになります。

後に酒巻さんは、「杉並病」という健康被害を知ります。店から1㎞内にある、廃棄物処理場から出される有害物質が影響している可能性がありました。さらに、「お客様に使っているパーマ液やヘアカラー液が、もし有害だとしたら……」と心配になり、罪悪感がわいてきます。

咳はひどくなる一方でしたが、実家を継がなければならないという状況の中で、身体に害がないものを追い求めた酒巻さんはヘナやオーガニックと出会うことになります。

しかし、ヘナを使いたいと言っても、スタッフの支持は得られませんでした。みんな、化学製品のヘアカラーなどと比べて8000円は高く設定しないと利益が出ないような商品が、お客様に受け入れられるはずがないと考えたのです。

酒巻さんは針で突き刺すような痛みの中、母に「自然派、無化学の店をしたい。自分自身が経営者にならないと、スタッフは言うことを聞いてくれない」と話し、会社を買いとることを決意しました。

無害で安全な製品を使うために、やはり痛みに苦しんでいた妹や親友に協力してもらって数々の製品を試しました。そして、品質に確信をもったヘナを前面に打ち出したホームページを立ち上げると、予想以上の反響があったのです。神奈川、千葉など遠方からも、お客様が来店されるようになりました。

しかし酒巻さんの方針に反発してか、母の時代に働いてくれていたスタッフ5人は全員辞めてしまい、新しいアルバイトスタッフと酒巻さんの2人での再出発になりました。無害で安全なものを試すうちに妹と親友の症状がよくなっていくことを実感し、世の中に役に立つという確信があったからこそ、続けることができたのです。

◆価格破壊がもたらした美容業界の混乱

美容業界が価格競争に陥っている理由は、メニューがどこでもほぼ同じだからです。パーマ液やヘアカラー液のメーカーも、他社との違いを明確に打ち出せないために、有名な美容師に使ってもらうことで販促を行います。そして客単価を上げるために、ヘッドスパなどを提案しますが、こうしたメニューは多くの美容室で当たり前にやっていることです。

そうした中、1000円ヘアカット専門店が価格を破壊し、その後、女性版の20分2000円が登場。さらに大手が参入してシャンプー込みで1990円を打ち出すなど、客単価は下がる一方です。現在は価格帯ごとにお客様が階層化されてきています。

価格破壊が進んでいく中で美容学生も激減し、専門学校の人気もなくなっています。理美容業界は一見華やかに見えますが、夜遅くまで働き、身体の負担も大きいことから成り手が減っているのです。

また、美容学校を出て勤め始めて10年後には、10人に1人しか残らないほど離職率は高く、社会保険が整備されていない美容室には美容学校も推薦しなくなっています。個人店が8割以上のこの業界も、今後はコンビニエンスストアのようにチェーン化が進み、徐々に個人店が淘汰されていくと予想されています。

そうした中でトランスフォームは価格破壊に巻き込まれず、平日でも満員のお客様でにぎわい、かつスタッフにやさしい労務管理体制を整えているのです。

◆オーガニックにこだわったことで生まれた善のスパイラル

トランスフォームの最大の成功要因は、酒巻さん自身の身体の不調からオーガニック製品にこだわり続けたことで、同社が「自然派」としてブランド化されたことでしょう。オーガニックにこだわる人たちは、価格よりも、いかに安全で身体にやさしいかが一番の選択基準であるために、価格競争になりにくいのです。

その結果、次のような効果が生まれました。

まず、売上げを追いかけたり値引き競争したりせずに、高い客単価とリピート客を実現しました。平日でもほぼ満員、スタッフを増やしても稼働率は90%です。また、転勤や死別など特別な理由がない限り、ほぼ90%以上のリピート率です。現在、近隣の中野区、杉並区、練馬区で50%、残る50%は都内の他の区や埼玉、神奈川など東京周辺からのお客様です。中には、静岡から新幹線に乗って毎月来店されるお客様、福岡から飛行機で来店されるお客様もいます。

スタッフの確保も容易になりました。美容室で働くようになってから、日々接するパーマやカラーの溶剤のアレルギーに悩み、健康を害して退職せざるを得ない美容師は少なくありません。同社では自分の健康を害することなく働くことができるので、自然派を好む人を採用できるようになりました。

トランスフォームの酒巻社長とスタッフの皆さん

次に、社員にやさしい制度の導入です。現在女性スタッフが5人。社会保険を完備し、勤務時間の短縮、産休、育児休暇や休日の選択など、社員が働きやすい制度を次々と導入しています。これができるのは、価格競争に巻き込まれず、適正な利益を確保できているからです。

◆コロナに気づかせてもらった時代の要請

新型コロナの影響により、同社でも2020年4月頃から7月にかけては売上が減少しました。遠方から来店されるお客様も多いからです。

一方で、「その期間もあまり焦らずに店舗運営ができたのも、適正な利益確保で余力ある経営ができていたからだということに気づいた」と酒巻さんは話します。

また、店舗周辺に住んでいる方の新規の来店が増えたと言います。今まで遠くの美容室に通っていた方が、自然派でこだわりのある同店が近隣にあることに気づき、来店されるようになったからです。

このようなことから、酒巻さんはこれまで1店舗にこだわってきましたが、今後は店舗展開をしていくことも考え始めました。女性スタッフの出産や育児があっても、通いやすく働きやすい場所で小さなユニットで店舗を出すことにより、お客様も時間をかけずに来店することができるようになるメリットがあるからです。

酒巻さんは自分自身がアレルギーに悩んだ経験から、同店がもつ自然派美容の技術を講習会で教え、独立を支援する活動をこれまでも続けてきました。しかし、女性美容師は出産や育児などにより独立がむずかしい場合があります。酒巻さんはそうした人々のためにも、自然派美容室が1軒でも増えて、美容業界で働く人の環境もよくなり、若い人が希望をもって働けるようになればと考えています。

ブランディング③

価格競争を回避し、自社主導の「適正」価格で売上アップ

中田工芸株式会社（木製ハンガー製造／兵庫県豊岡市）

新型コロナウィルスの世界的な感染拡大は、かつてないほど消費者行動のネット偏重をもたらした。このような環境下で、中小企業が売上と利益を伸ばしていく上でカギとなるのがブランド戦略だ。中田工芸は「最高品質の高級木製ハンガー」に特化したマーケティングによって、見事に非価格経営を実現している。

◆青山のショールームがきっかけに

企業は、製品コンセプトと価格設定、流通などの諸要素を整合させて、ターゲットから選ばれ、信頼を獲得していくことが必要です。消費者のメディア接触とブランド選考が多岐にわたるようになった今こそ、その一連の活動プロセスを見直していかなければなりません。この意味で、中田工芸のマーケティング戦略は、中小企業の経営者にとって大いに参考になるはずです。

同社は高級木製ハンガーのD２Cビジネスを実践、コロナ禍にあっても健全経営を実践しています。１９４６年の創業以来、ホテルやアパレルメーカーなどを主な販路としてきましたが、インターネットが普及した２０００年代に新ブランド「NAKATA HANGER」を立ち上げ、個人向け市場の開拓にチャレンジしました。

昨今、メーカーが卸を介さず直接、消費者に販売する流通モデルD２C（Direct-to-Consumer）が注目を集めていますが、同社は２００７年頃にはこれに着手。ＢｔｏＢビジネスとのいわゆる「両利きの経営」をしてきたことで、現在、コロナ禍でファッション業界が苦戦を強いられる中にあっても健闘しています。

中田工芸の新ブランド開発は、２００７年に東京・青山でショールームを立ち上げたことがきっかけでした。

ショールームの当初の目的は、東京に本社を置く取引先のアパレルメーカーと効率的に商談を行うためでした。しかし個人のお客様が、ショールームにしばしば訪れるようになります。そうしたお客様への接客を通じて、ハンガーについてお客様が抱いている不満やニーズを改めて知るようになりました。

特に多かったのは、「プラスチックのハンガーを使うとスーツやコートが型崩れしてしまう」「5年、10年と着続けるものを購入した場合は、買った時の型のまま、長く着続けたい」などの、お客様の声でした。既存のプラスチックハンガーが満たせていない課題に気づき、そこから新ブランド立ち上げの着想がめばえました。

以来同社は、創業者である現会長の中田孝一さんを巻き込んで新ブランド立ち上げに取り組みます。それが成功し、それまで業務用市場中心だった同社の売上構成は、劇的に変わっていきました。

◆「世の中にない最高品質の木製ハンガーを製造する」

新ブランドのコンセプトは、「世の中にない最高品質の木製ハンガーを製造する」というものでした。このコンセプトそのものは、「60年間培ってきたハンガーの製造技術を活かしたい」という思いをベースに、比較的スムーズに設定されました。

しかし、価格設定に関しては混迷を極めます。

「最高の品質を」と標榜している以上、市販よりも高いプライスゾーンで勝負していくことには、誰にも異論はありません。ただ、ハンガーの市場価格は高いもので3～4000円、安いもので1000円以下という状況の中、具体的に「いくらで売るのか」となると、なかなか社内コンセンサスを得られなかったのです。

方向性は、中田さんの「3万円のハンガーをつくる」という掛け声によって示されています。しかし、「洋服よりも高いハンガーを誰が買うのか」という社員の疑問はなかなか消えなかったのです。そこで中田さんは、ブランド理念を社員と共有することに努力を傾けます。

中田さんは、「3万円」という価格設定は、原価から設定するものではないこと、「最高の品質を製造する」というブランド哲学、ハンガーという商品体がもつ価値のポテンシャルから導かれたことを社員に説きました。その結果、新ブランドの世界観が社内で明確になってきます。

同社は市場を精査した後、5000円を標準ラインに、1～3万円の高価格帯のハンガーを合わせてラインアップし、新ブランドをスタートさせました。

この新ブランドは、市場に大きなインパクトを与えました。高価格帯の商品を製造・販

中田工芸のショールーム

売することにより、それまで消耗品としてしか認識されていなかったハンガー市場に、「衣服を型崩れさせない」「一生もの」という新たな需要を創出したのです。

◆既存の流通への不満から生まれたD2Cビジネス

新ブランドを構築する際の大切な要素が、コンセプト、価格設定と並んで、流通戦略です。既存顧客へ販売するのか、新規顧客を開拓するのかをまず決定しなければなりませんが、中田工芸は後者を選びました。

同社は、従来の取引先であるアパレルメーカーやホテルには卸さず、新しい製品をダイレクトに消費者に届けるＤ２Ｃモデルを選択したのです。これは、同社が早い段階からインターネットを活用していたことが大きく作用しています。

スマホが普及する前の90年代から、中田さんは独自でホームページを作成してブログを毎日更新、ＥＣサイトも独学で構築し楽天市場にもいち早く出店するなど、ネットを活用した自社の情報発信を積極的に行っています。青山のショールーム立ち上げはこうした状況で行われ、そこでのお客様との対話が同社の「消費者ダイレクト」の流通戦略を後押しすることになったのです。

以来、同社はＤ２Ｃモデルを推進してきましたが、この意思決定には、長年抱いていた既存の流通チャネルに対する不満も大きく影響しています。

ハンガーの流通は基本的に〈メーカー→問屋→小売→消費者〉という構造になっており、それぞれの流通プレーヤーのマージンによって、原価自体は高くないモノの小売価格が跳ね上がる、ということが業界の常識になっていました。この状況を打破したいと考えていた同社にとって、お客様との距離を縮められるＤ２Ｃモデルは最適だったのです。

素材と品質にこだわり、職人が丹精込めて最高の商品をつくり、自社基準の「適正」価格で直接、消費者に訴求していく――同社はこうした事業機会を、新ブランド構築のプロセスの中で生み出しました。

◆現場主義こそブランド戦略の王道

中田工芸では、ハンガー製造の全工程を兵庫の自社工場が行い、すべて内製化しています。メイド・イン・ジャパンの木製品質が同社の差別化要素であり、ブランドアイデンティティです。

ただ、このブランド価値を認識してもらい拡販していくためには、まず、商品ニーズや開発背景をお客様に知っていただく必要がありました。消費者にとって、ハンガーは「無料でクリーニング店からもらう」ものであり、「仮に購入するとしても1000円以下」という認識が一般的だったからです。高価格帯の商品を販売していくには、非常に厳しい市場特性がありました。

そこで同社は、商品開発後のマーケティング活動として、青山のショールームを活用し、顧客への啓蒙活動を行います。これが功を奏しました。「リアル店舗」での接客を通じて木製ハンガーのよさをお客様に伝えられ、逆に、自分たちが気づいていなかった新たなニーズの発見にもつながったのです。

青山のショールームは現在も、お客様とのコンタクトポイントとして、有効に機能しています。

百貨店との取引も、拡販戦略の重要な役割を担っています。同社は2010年から伊勢丹をはじめとする大手百貨店とＢｔｏＢビジネスを行っていますが、これは単に商品を卸して売ってもらうだけの取引ではありません。百貨店に来店したお客様との接点を増やすため、中田さんや社員が店頭に立ち、木製ハンガーの売り方を実演してみせる独自の協業モデルです。こうした「売り方」で自社の木製ハンガーのよさやお客様への販売方法を示すことで、同社は百貨店の販売員を「現場のインフルエンサー」とすることに成功しています。

伊勢丹との取引は、ハンドブックでの紹介や、ハンガーの「結婚式の引き出物」としての新たなニーズも生み出しました。青山ショールームや百貨店での接客経験によって、同社は「現場主義こそがブランドの持続的な繁栄に欠かせない大切な要素」との思いを強くしています。

◆会社を利益体質に変えた「値引きをしない」営業姿勢

「NAKATA HANGER」を立ち上げてから10年余りたつ今、中田工芸の木製ハンガーは小・中学校の卒業記念の贈り物としても検討、採用されるようになっており、新たな市場の開拓が進んでいます。また、きめ細やかな型取りが行なえる木製ハンガーならではの特徴を生かしたオーダーメードサービスも開始するなど、同社はブランドの強みを少しずつ増やしています。

このように実績が伴ってきたことで、営業スタッフの間でも「ブランドマネジメント」が浸透してきました。象徴的なのは、営業スタッフの「値引き癖」がなくなったことです。新ブランドを立ち上げる以前、業務用ハンガーをホテルなどに卸す取引が主であった頃は大量納品が前提で、競合他社との価格競争が避けられず、値引きが営業の伝家の宝刀になっていました。

しかし「NAKATA HANGER」の百貨店取引では「顧客は商品に魅力を感じて購入する」という前提での営業活動になります。価格ではありません。

だから、ブランドを大切にし「時には売ってはいけないケースがある」「値引きによるブランド価値の損失を考える」等の日々の教育により、営業スタッフは「自社の売りたい金額で営業する」姿勢を身につけました。その結果、同社は見事に利益体質へと変貌をとげたのです。ブランドマネジメントの大きな成果といえるでしょう。

実は、企業がブランドマネジメントを行う上で、営業スタッフの営業スタイルを変えていくことはとても重要です。営業スタッフに経験があればあるほど、自らの「さじ加減」によって受注を数多く得たいという本能が働くからです。この営業スタイルは、一朝一夕で変えることができません。

しかし、ブランドが強くなると、受注は、営業力に左右されないケースが増えてきます。そうなると、今まで取引先にプッシュして売上を稼いできた手法が必要なくなり、新たに「取引先のほうから声がかかるようになる」ことを理解させる必要が生じてくるのです。どのように営業スタッフの意識変容、行動変容を促していくか。これが営業組織を抱える企業のブランドマネジメントのむずかしさであり、同時に本質でもあるといえるでしょう。

2017年、同社では中田修平さんが新社長に就任しました。中田工芸もそうですが、強いブランドは「何をやるか」と同時に「何をやらないか」ということもブランド信条に定めています。「やること」と「やらないこと」をどう峻別してさらにブランド力に磨きをかけていくか、これからが楽しみな同社です。

ブランディング❹

親会社の倒産を乗り越え、地元の名前で世界をめざす

HITOYOSHI株式会社

（シャツファクトリー／熊本県人吉市）

ワイシャツの全国的平均単価は3000円台という中で、1万円以上の高級シャツを売れ筋とするHITOYOSHI。親会社の倒産による廃業寸前の崖っぷちから目覚ましい再建をとげ、大手有名百貨店との協業商品も展開する。その機動力の土台には、つらい経験からの思いと、世界に向かう夢がある。

◆廃業寸前の危機から地名を社名にして新スタート

人口3万1000人の熊本県人吉市に、87の世界の有名ブランド商品を手がける高級ドレスシャツメーカー、HITOYOSHI株式会社があります。地元「人吉」の地名をそのまま社名にした同社は、「HITOYOSHI Made in Japan」(以下、HITOYOSHI)という高級ドレスシャツブランドを展開しています。

地元、地域、仲間を大切にする吉國武社長は福岡県出身、九州産業大学卒業。「最大の地域貢献は地元の人の雇用だ」と、毎年地元の高校から新卒者を受け入れています。地元と共に歩む同社の〝人に優しい社風〟が人に優しいシャツを生んでいます。

2009年にリーマンショックのあおりを受けて、親会社のアパレルメーカーが倒産。親会社の取締役だった吉國社長は、倒産寸前の子会社「人吉ソーイング」を継承、同年9月にHITOYOSHIを設立しました。

資本金は2450万円、2010年の売上げは3億円弱だったのが、2015年には9億円に。現在、社員は120人。国内で年間13万枚のシャツを製造、海外工場では値段が手頃なシャツを年間25万枚つくっています。

創業から2年目、飛躍を狙っていた吉國社長のところへ、10年来の付き合いのある大阪の有名百貨店の商品部長と担当バイヤーが、新商品の共同企画を提案してきました。東京・

有楽町にある有名メンズ専門百貨店の開店に合わせて、海外ブランドとは違う「日本の匠」を売りたいというのです。

この提案が吉國社長の考えと一致して、高級ワイシャツのオリジナルブランド、HITOYOSHIが産声を上げました。

吉國社長は東京支店をベースに全国を飛び回っており、人吉にある工場を受け持つのは人吉ソーイングの代表だった竹長一幸工場長です。長年培った完全手作業の小ロット生産・多品種でていねいな匠の技に長けた竹長さんの技術力により、HITOYOSHIは立体的な裁断・縫製でシルエットが美しく、着心地も他のシャツとまったく違う仕上がりになりました。

今は、このメンズ専門百貨店で大阪では3割のシェア、東京では6割のシェアを占めています。評価を得るまでに半年ほどかかりましたが、「価格に対してクオリティが高い」と好評価を受け、お客様と価値観を共有できたことで、2014年度より5年連続で百貨店バイヤーズ賞のシャツ部門ベストセラー賞に輝きました。

現在、HITOYOSHIブランドのシャツは、札幌をはじめ、仙台、東京、名古屋、大阪、福岡、熊本など全国20都市の百貨店で販売されています。

同社では、匠の技を伝承していくために、社内検定制度を設けています。その取り組みは同業者からも認められ、今では他社のスタッフも検定制度に受け入れて、業界全体の技術の底上げをはかっています。

都道府県格付研究所によると、ワイシャツ1枚当たりの単価は熊本県の５０５８円から大分県の１９８０円まで差があり、全国平均は３２９２円です。一方、ＨＩＴＯＹＯＳＨＩの一番の売れ筋は1万３０００円のドレスシャツ。全国平均より1万円は高い価格になっています。

今後強化していくのは、お客様の満足度が高い究極の小ロットであるオーダーメイド。多くのアパレルメーカーが大型機械で省人化する中、自社の誇る技術を信じ、さらに高い付加価値を追求していくことを目標にしています。

◆つらい経験に落ち込む社員を変えた社長の夢

同社が人に優しい企業となった、大きなターニングポイントがあります。吉國社長は「ヒストリー」と明るく語りますが、つらい経験でした。

２００９年2月に倒産した親会社の負債は１２３億円。人吉ソーイングも整理対象でした。築いてきた技術が消え、明日から食べていけなくなる。全社員が眠れない状態でした。

親会社の役員だった吉國社長と子会社の代表だった竹長さんが何とかしようと立ち上が

ＨＩＴＯＹＯＳＨＩの高級ブランドシャツ

ります。しかし、倒産した親会社から１００％受注していた子会社にお金を貸す銀行はどこもありません。そこへ地元・九州のファンド、株式会社ドーガン・インベストメンツ（現㈱ドーガン）が現れました。

ドーガンの森大介社長は救われる見込みはないと思ったものの、吉國社長たちの熱意に押されて４３００万円を投資。その後、地元の金融機関や行政のバックアップを受け、吉國社長と竹長さんを主力に社員の力で経営権を買収、再スタートすることになります。

「全社員１６０人を守りたい」――これが吉國社長と竹長さんの願いでしたが、許されるはずもなく、ＯＥＭ（他社ブランドの製造）で確実に受注できる範囲内の74人に人数を絞らざるを得ませんでした。

吉國社長は、残った74人全員と約5分間ずつ面談し、どうやって再建するのか、そして「Ｍａｄｅ ｉｎ Ｊａｐａｎのこだわり」の夢を語りました。

吉國社長の夢を聞いて、不安顔だった社員の目の色が皆変わったそうです。

◆ＯＥＭを主力にして2年間で黒字に転換

投資ファンドからの支援を受けて最悪の事態は避けられたものの、それまでの受注は100％が破綻した親会社からの仕事です。いくつかの取引先は継続してくれましたが、新たな取引先を探さなければ事業を続けていけません。

吉國社長は陣頭に立ち、全国を回って必死に取引先を探し、ＯＥＭを主力にすることで、何とか2年間で黒字に転換することができました。

その成功要因は4つあります。

第一は、吉國社長をはじめ社員全員で経験したつらさです。人を大切にする経営学会の坂本光司会長は「涙の量が多い人ほど、人に優しくなる」と言っていますが、つらい経験があるから、働けるだけで幸せを感じられるのです。

第二は、高い粗利益です。親会社の役員として外から人吉ソーイングを見ていた吉國社長は、工場からお客様に商品が渡るまでにいくつもの中間業者が介在する、従来の流通のあり方に疑問をもっていました。

現在、同社では中間業者を使わずに店で直接販売することで、工場・販売店・消費者の距離が近づき、価値観の共有が得られ、市場からの高評価につながりました。これにより収益のアップに大きく寄与しました。

第三は、マーケット分析力です。マーケットイン（実際に着るお客様の声を直接収集し、製造現場に落とし込むことで、よりお客様が欲するものをつくる）と、プロダクトアウト（自分たちのつくりたいものを、こだわりをもって発信する）を絶妙なバランスで行い、時代背景・市況によりその比率を見極めています。

第四は、ＯＥＭ先からの受注生産なので、製品在庫をもたないことです。価格競争に走ると大量生産をするので、売れなかった場合は不良在庫になります。特に、粗利益率を高めたことと、在庫をもたないことの効果は大きく、ここに36年間、財務面から経営を見ていた吉國社長の体験が生きています。また、完全手作業が功を奏し、仮にB品に仕上がったとしてもやり直すことで、ほぼロスゼロを続けています。

この安定した土台の上に、いろいろな展開を考えることができます。

たとえば、２００９年にレディースシャツの製造も始めました。女性は流行に敏感なので成功させるまでには時間がかかりますが、安定した経営が確立しているので冒険ができるのです。

また、百貨店が地元や地方の企業とのコラボ商品を販売する流れがあります。2016年の2月には、同社はレディースシャツ「H　1988」を東京の大手百貨店との協業商品として開発、その百貨店の主力2店舗で販売しました。

今後も、お客様に生産背景を理解してもらえるようなさまざまな企画を打ち出して、百貨店やセレクトショップなどに販路を拡大する予定です。現在ではオンラインからの購入も増えてきており、その流れに乗ってHITOYOSHIは、さらに販路を拡大させていくでしょう。

◆メイドインジャパンのHITOYOSHIを海外へ

欧米ではワイシャツに胸ポケットがないのをご存じでしょうか。さらに欧米では、下着を付けず素肌にワイシャツを着ます。ワイシャツにも、文化の違いがあるのです。

同社は、アメリカのノースカロライナのドレスシャツメーカーと提携。2015年からヨーロッパ型シャツ、アメリカ型シャツを、日本人の体型に合わせると同時に、日本人が働きやすく活動しやすい、機能性を高めたシャツとして提供しています。

吉國社長は、かつてヨーロッパで見た工房を思い出すことがあります。店の奥に作業場があり、職人は服をつくるだけでなく、お客様の声を聞いて、商品企画にも積極的に自分の意見を出していたのです。

このヨーロッパ伝統の精神に倣い、売場（百貨店など）と作業場（工場）を直結することは、経営危機の時に吉國さんと竹長さんが考えた事業の原点でした。この売場と作業場を海外に展開して、メイドインジャパンを復活し、HITOYOSHIブランドが世界を席巻する夢を描いています。

日本人ならではのていねいな仕事、確かな品質が注目され、多くのメディアに取り上げられるHITOYOSHI。夢の扉へ向けて歩み続けています。

ブランディング⑤

若い世代の好みに合わせた人形づくりで1年先まで予約が入る

株式会社ふらここ（人形工房／東京都中央区）

祖父は人間国宝。母もそれを受け継ぐ伝統的な人形師家系にありながら、業界の常識にとらわれない製造体制とデザイン、値引きいっさいなしのネット限定販売を展開する。本当のお客様を見極め、そのニーズに応える同社の商品は、1年先まで予約注文が入る。それは業界の課題であった職人の仕事を守り、伝統を守ることにつながっていた。

◆古いやり方に業界の衰退を危惧して独立

株式会社ふらここは、社長の原英洋さんが2008年に設立した、雛人形と五月人形を中心とする日本人形を製造、主としてインターネットで販売する会社です。

製販分離が主流の人形業界の中で、製販一体のビジネスモデルを構築し、節句人形の企画・デザイン・製造・販売を一貫して行っています。

社名である「ふらここ」とは「ぶらんこ」の意味で、俳句で詠まれる春の季語です。業界の他社では漢字が並ぶ社名が多い中、やわらかい名前にしたいと考えているところで見つけたそうです。

原さんは、祖父、母が人形師という家系に生まれました。大学卒業後は大手出版社に入社しますが、1987年に家業の経営を担っていた父が急逝し、人形師を継いだ母を支えるために会社に入りました。

伝統を担うその会社では、新しいことをするにも逆風は強く、業界の古いやり方に疑問を感じることも多くありました。家業だけでなく業界そのものが衰退してしまうことを強く危惧した原さんは、長男でありながらあえて家業を継がず、伝統を守るために独立を決めたのです。

◆職人と伝統を守るために適正価格を確保

商品の平均単価は雛人形で12万円、五月人形で10万円と、同業他社と比べて少し高めですが、すべて定価で完売。業界での平均単価はバブル崩壊後徐々に下がる中で、価格をほぼ維持しています。

この同社の値づけには理由があります。それは、適正価格を維持しなければ、職人と伝統を守ることができないというものです。

現在、日本人形協会には約３５０社が所属していますが、その半数が前年度対比で業績を落としており、廃業・倒産が増えています。年々衰退していく業界にあって、収入を確保できない職人が徐々に辞めていくという現実があります。

毎年生まれる１００万人のうち、節句人形の購入に至るのは3分の１。その理由を原さんは、業界の悪しき商売のやり方が続いてきたからだと言います。

景気の低迷に伴い、製造と販売が完全に分離した業界の構造ゆえに、安売り合戦が当たり前になりました。顔、胴体、小道具は職人が分業してつくり、毎年開かれる新作展示会で、販売業者がそれぞれのパーツを買い付け、組み合わせて人形として販売します。そのため、お客様は「どの店も同じような人形」と感じてしまいます。同じなら安いほうを選ぶのは当然で、店では値段を下げ、お客様も値引きを期待するようになってきました。

ふらここの日本人形

製販分離のためにお客様の声がつくり手まで届かず、店では値引きして売ることしかできない。お客様が何を求めているのかを考えるような業界ではなかったのです。

しかし、販売の前面に立ち、お客様と直に接してきた原さんは、お客様が何を求めているかを肌で感じていました。そうしたお客様の声を製作サイドに伝えようとしても聞いてくれません。「昔ながらのやり方で何が悪い。これまで培ってきたことを伝承していくのが伝統産業を担う者の務めだ！」というのが業界全体の空気だったのです。

◆古い職人にはつくってもらえなかった新しい人形

さらに、原さんの独立を後押ししたのは、同じ理由での2件のキャンセルでした。

「祖父母から贈られた雛人形が気に入らないから、返品したい」

節句人形は、ひと昔前は、祖父母が人形を選んで、孫への贈り物として購入していました。しかし今では、母親が選ぶようになっているのです。

「もっとお客様に目を向けたい」という思いが募り、原さんは母が代表を務める会社から独立し、ふらここを設立しました。

若い母親の人形の好みは、昔ながらの伝統的な人形とは違います。しかし若い母親が好むような雛人形の製作をベテランの職人にお願いしても、受けてはもらえません。比較的若い職人を根気よく説得して製作をお願いし、ようやく原さんがイメージしていた人形ができ上がりました。

「雛人形は、親と子の大事な思い出だから、毎年節句を楽しんでほしい。そのお手伝いをしたい」。その思いが、ふらここ設立と新しい人形開発の原動力となりました。

◆赤ちゃん顔で手のひらサイズでも製法は本格的

同社の人形の特徴は4つあります。

1つ目は顔で、一般に販売されている細面で上品な「うりざね顔」ではなく、ふっくら丸くかわいらしい「赤ちゃん顔」です。

2つ目は人形のサイズです。「手のひらサイズ」で、飾りやすい人形なのです。大きくて飾り方が複雑だと、飾り方や片づけ方がわからなくなり、そのうちに飾らなくなってしまいます。しかし「手のひらサイズ」なら、マンションなどの狭い部屋でも場所を取らず、出し入れも容易です。

3つ目は色合いです。衣装や道具、屏風などはパステルカラーやナチュラルな淡い色調で、洋風の部屋にもなじみます。ウサギ柄や花柄なども採用しました。

ちなみに同社の社員数は29名。そのうちのほとんどが女性で、平均年齢は29歳となっています。すべてのデザインは、ふらここの社員が企画します。

4つ目が製造方法です。同社の節句人形は現代風のデザインで、従来のものとは一線を画しますが、製造方法は伝統技法を守ることにこだわっています。顔は真っ白な上質の貝の殻を細かく砕いた胡粉で仕上げ、目はガラス製、頭髪は絹糸、胴体は桐の粉を固め乾かし、筋彫りした部分に衣装の生地を押し込んでいく木目込み製法です。衣装は、代表的な西陣織の産地である京都の織元で同社向けに特別に仕立てられた織物で製作されます。5色の糸からさまざまな色を鮮やかに出していきます。

最終仕上げの工程では、女性のもつきめ細やかさを活かし、検品や髪の毛のほつれ直しなど、年間を通して徹底的に実施して、人形を愛おしみ、子どもたちの健やかな成長を祈る気持ちで、時間をかけてていねいに仕事を進めています。そのため、不良品やイメージの違いによる返品を受けつけてはいるものの、お客様からのクレームはほぼ皆無となっています。

伝統的な素材や製法を受け継ぐ、本物志向の人形なのです。

同社では「お人形病院」をつくり、万一の破損の時も修理をしてくれますが、これも製販分離型の他社ではむずかしいことといえるでしょう。

2016年に移転した新社屋には、社員がお客様の要望を肌で感じられるように、ショールームを新設。カタログ請求時、ショールーム訪問時、購入時、節句後の4回にわたってお客様アンケートを実施し、それを細かく分析することでニーズの変化を素早くつかむことができているのです。

◆予約注文で1年先の職人の仕事も安定化

販売方法は業界初の通販主体の無店舗スタイルです。カタログに掲載する写真には、商品が手に取るようにわかるよう、工夫を重ねました。通販を通じて、日本全国から注文が寄せられ、海外在住の日本人からも注文が入ります。

通販型のため、コロナ禍の影響をあまり受けず、百貨店などに出店している老舗他社が大きく売上を落とす中、同社は昨年よりも売上を伸ばしています。販売を開始した2008年は、雛人形200セット、五月人形100セットを完売。今はその18倍が売れており、2020年には売り出し初日の11月1日だけでも935件。値引きはしません。

同社のお客様は、1年待って、来年販売のモデルを予約するという人気ぶりです。現在も、特注品と定番商品を合わせて200人の予約客が1年待ちの状態です。

1年先まで定価販売の商品の注文が入るため、年間を通して平準化して職人に仕事をお願いでき、6カ月手形が当たり前の業界の中で、職人の生活を安定させることができているのです。

1000年以上の歴史がある節句人形ですが、原さんによれば、雛人形が現在多くの人が認識している七段飾りになったのは明治以降であり、それ以前も時代、時代で変わってきたと言います。

革新をはかることは、本当の意味で伝統を守ることになるのです。

このように同社は、旧態依然とした業界の中に新風を巻き起こして成長しています。伝統を言い訳にせず、お客様が何を望んでいるかを考え、実践するという取り組みにより、お客様、職人、同社の三方よしを実現し、結果として伝統を守ることにつながりました。同社は、商品が売れないのは需要が減少したせいではなく、お客様がほしいものを提供していない供給側の問題であり、衰退業界と言われる中でも、非価格競争で成長できることを証明しています。

ブランディング⑥

吸水性を追求した「1秒タオル」など上質なタオルで生活を豊かに

ホットマン株式会社

（タオル製造販売／東京都青梅市）

低価格商品が多いタオル業界において、価格は高くても質にこだわったタオルを提供し、リピーターも多いホットマン。現在その位置にいることができるのは、タオル事業を開始して半世紀以上、長い時間をかけて製造から販売まで自社で一貫できる仕組みをつくり、社員の意識改革に挑戦し続けてきた結果である。

◆織物の里で生まれた150年以上の歴史ある繊維製品会社

ホットマン株式会社は、タオルなど繊維製品の製造販売を手がける会社で、「日本製上質タオルの豊かさを多くの人に誠実にお届けすること」を使命としています。1868年に絹織物製造業としてスタート、創業以来150年を超える歴史があり、現在の社員数は425人。全国に70店舗以上の直営店とオンラインショップを運営しています。

2013年にブランド強化のため、上質で吸水性が高いタオルを「1秒タオル」と表現してプロモーションを推進。その結果、主要タオルの売上げが1年で約1・5倍に増加しました。

坂本将之社長は創業家の出身ではありませんが、2015年4月に同社研究開発室長などを経て、30代の若さで7代目社長に就任。「自ら考え自ら実行する」企業風土をいっそう熟成し、「1秒タオル」の先の商品の価値を提案するなど、積極的に推進しています。

もともとタオルの産地として有名な今治（愛媛県）、泉州（大阪府）はいずれも「産業の集積地」であり、地域が一体となってタオル産業の底上げを行っています。製造業者と流通業者の役割分担が基本の業界ですが、同社は製販一貫体制を独自で築いており、非常に特異な存在といえるでしょう。

国内タオル市場は低価格の輸入品に席巻され、国内メーカーの淘汰が進んでいます。そ

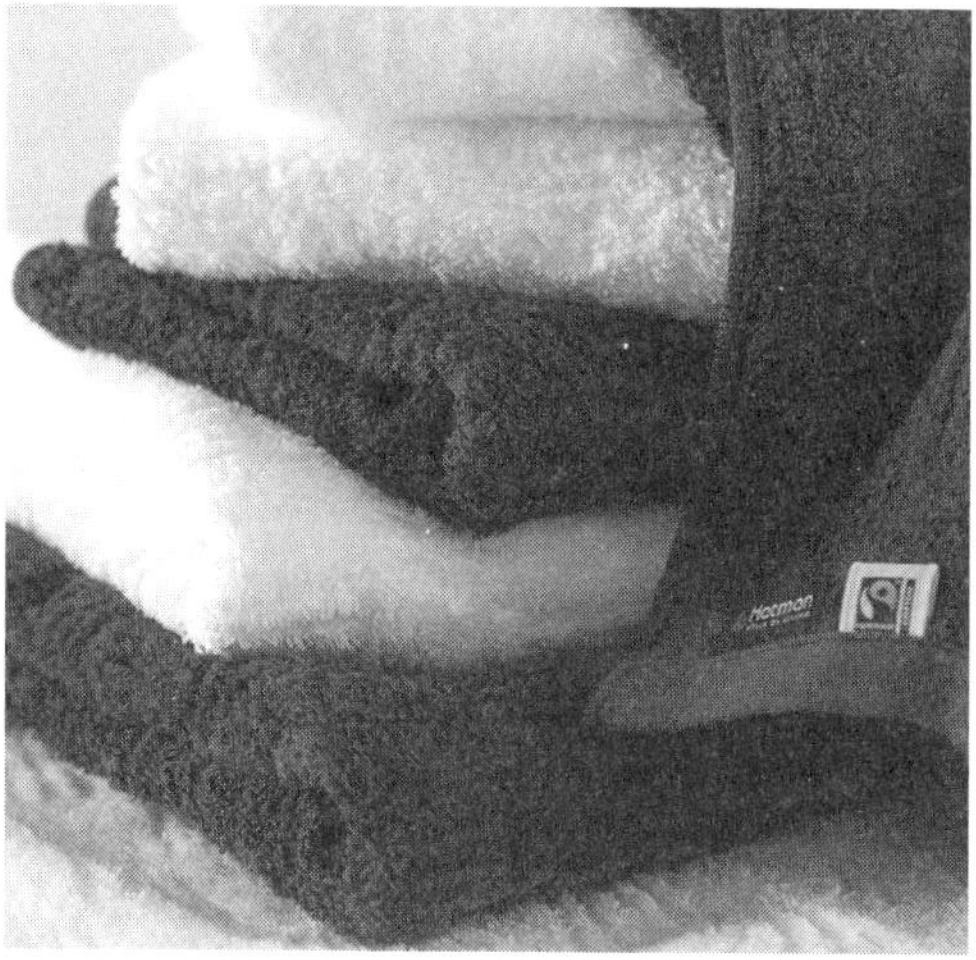

吸水性の高いホットマンのタオル

の中で同社は品質向上やプロモーションなどを強化し、高付加価値商品を多数展開、安定的な経営をめざしています。

現在、同社の商品は2000種類以上。バスタオルは値段の高いもので約1万5000円、シェニール織りの特注ベッドスプレッドは15万円と、高付加価値商品を提供しています。同時に、価格面でもお客様のニーズに合わせて設定するよう常に研究。製販一貫のため価格設定の自由度は比較的高く、売れる価格帯なども考慮しながら、価格以上に価値ある商品をつくることに強いこだわりをもっています。

◆製造販売を一貫管理するためにタオル事業に転業

同社は昭和30年代までは、寝具用や婦人服地の製造がメインでした。当時の経営者は、「受注生産で、誰がどう喜んでいるか見えない」ことが悔しかったと言います。そこで、繊維製品の中でもタオルなら形状が限られていることもあり、最初から最後まで自社で一貫して管理できるのではと考えて、タオル事業へと転業しました。

当時はタオルがまだ一家に1枚の時代でしたが、この先は一般に普及するだろうと将来性も見込んでいました。

「本物づくりに徹する」という創業以来の理念のもと、服地で培った技術や方法を活かし、原材料にまでこだわって、他産地とは違う独自の上質タオルをつくり上げました。

こうして始まったタオル事業は当初、通常の取引形態である問屋への卸売りを行っていました。しかし、事業が軌道に乗った1972年、「少しでもお客様に近く」という強い思いから、新市場づくりのためのパイロットショップとして、当時のファッション最先端の地・六本木に直営1号店「HOTMAN」を開店します。出店時には自社商品だけで棚を埋めることができず、海外から仕入れたタオルや雑貨も置いていました。

その後、店舗に自社商品をそろえて自社販売を推進、製販一貫体制によりお客様の意見をすばやく反映する仕組みなども構築し、現在へとつながります。

◆重なる苦渋の決断の末に成しとげた直営店販売

自社での直営店販売を開始するにあたって、それまでお世話になった問屋にできるだけ迷惑をかけることがないよう注意を払います。関係性の維持に努めて、問屋経由の取引を控えながら、直営店を新規開拓していきました。

その後同社は、価格競争のマイナスのスパイラルを離れてブランドを構築するために、直営店化を推進していきます。それと同時に、卸販売に関しても問屋を介さない「直結卸方式」へと切り替えていきました。短期的には売上の大幅な減少が見込まれるなど、当時の経営陣にとって非常につらい決断だったといいます。

同社の強みである上質な商品、製販一貫モデルを確立した後も、業績は芳しくない時期がありました。同社はその点について、商品の魅力を伝える取り組みが不足していたことが重大な要因であったと捉えています。

以降、「知っていただかないのは、存在していないのと同じ」として、商品の価値を広め、認知度を上げるプロモーションを推進しています。

今日のコロナ禍で、百貨店休業に合わせて多くの直営店が営業できない状況になりました。いつ再開できるかわからないという不安を抱えながらも、「社員とその家族を守る」という使命感のもと、人件費の削減やコストダウンはいっさい行わず、100%の給与を支給したそうです。「直営店のスタッフが安心して働ける場所でなければ、誇りをもって仕事ができない」という信念に基づいた判断でした。

◆製販一貫の強みを生かした「1秒タオル」

同社のタオルはリピーターが多く、2013年のデータでは、会員登録したお客様の翌年の来店率は57％にも上っています。年配層を中心に、コアな顧客基盤を有しているのです。

一方で、タオルには品質の高さや価値を訴求しづらいという特徴があります。

そこで同社は、自社製品の強みは何か、それを端的に表す言葉は何かを、真剣に検討しました。着目したのが、タオルの本質である「吸水性」です。東京都立産業技術研究センターに自社製品の検査を依頼し、その結果を基に、品質を定量的に表していてわかりやすい「1秒タオル」という言葉が生まれました。

「(吸水性の指標である、水にタオルが沈むまでの時間について)当社のタオルは1秒以内。今治タオルは5秒以内。普通のタオルは60秒以内」の「1秒」です。

「1秒ってなんだろう」と興味をそそり、その意味を知ってからは機能の高さが伝わるネーミングです。また、「1秒」という厳しい水準を設け、自らを律することで、品質の維持・向上を継続していくことも目的のひとつです。

このネーミング、ブランディングは、同社の製販一貫ともよく合っていました。強みを生かすために、製造から販売まで含めた部門横断的なプロジェクトチームを編成し、全社をあげてお客様に「1秒タオル」の魅力をアピールしたのです。

一般の小売店の販売員は、自社の社員ではありません。そうした人たちは他社の製品も売らなくてはならないので、インセンティブが弱くなったり、商品説明が不適切だったりする可能性もあります。自社販売だからこそ、店頭で吸水性の実演をしたり、「1秒」のネーミングの由来その他の説明などがしやすいのです。

こうして同社は、差別化がむずかしいと言われるタオル業界の中、価格競争に巻き込まれにくいポジションを積極的に築き、長期にわたり安定的な経営を可能にしています。

◆上質な商品から生まれる豊かな生活を提案する

さまざまな取り組みを積極的に推進する同社が現在、重視しているのは、上質さによって生まれる価値を伝えることです。

人々が暮らし方を考えて商品を選ぶ今、よい「モノ」を売るだけではなく、「コト」、つまり、タオルを通じて豊かな生活を提案することが重要です。「1秒タオル」の品質の高さから注目されるようになった同社は、それによって生まれる価値をよりていねいに広く伝えていくことを今後の方向性としています。

いくつかの商標も取得しています。「永遠色（トワイロ）」は色落ちしにくいという「よさ」を伝えるための商標です。また「Ｔｏｋｙｏ　Ｔｏｗｅｌ」は、東京オリンピック２０２１に向けて、東京でつくっている上質なタオルの存在を知ってもらうための商標です。

同社は、商品から生まれるこれらの価値の追求だけでなく、社会的価値の実現にも力を入れています。

例えば、発展途上国の生産者や労働者の生活状況の改善と自立をめざすフェアトレードへの共感から、日本初となる日本製のフェアトレードタオルなどもつくっています。これは、セネガル共和国で育った良質なフェアトレードコットンを用いたタオルです。

この取り組みは、２０１８年「第19回グリーン購入大賞」で、大賞ならびに経済産業大臣賞を受賞。日本初の日本製フェアトレードコットンタオルと「１秒タオル」による持続可能な社会への貢献を評価されました。

現在は、２０１５年９月の国連サミットで採択されたＳＤＧｓ（Sustainable Development Goals＝持続可能な開発目標）の17の目標達成に向けて、積極的に取り組んでいます。

ブランディング⑦

下請け中心の町工場から、世界市場を創造する企業に

株式会社山崎製作所

（精密板金加工／静岡県静岡市）

男性社会といわれる金属加工業に、後継者として技術経験のない女性社長が就任。自社の強みと女性ならではの発想、視点で自社商品の開発を手がけている。リーマンショックで売上が半減した町工場を、脱下請けで建て直した女性社長の社内改革は、後継者や資金面で悩む中小製造業がめざすべき姿といえる。

◆赤字の会社をつなげるのは私だけ

徳川家康公が幼少期を過ごし、隠居先として過ごした駿府城、祭神として祀られている久能山東照宮と家康公の縁の地である静岡市。株式会社山崎製作所は、日本平に囲まれ、清水港と久能山東照宮が建てられた静かな街に本社工場を構えています。

その昔静岡市には、浅間神社や駿府城を建てるために、全国各地から多くの職人が集まり、雛人形、家具、プラモデルなど今日の静岡を代表するものづくりの原点となりました。

同社は1967年に板金加工をメインとする金属加工業として創業。現社長の山崎かおりさんは2009年に、創業者である父親から2代目として経営を引き継いでいます。

その頃、父親の病気が悪化し、同社は廃業もやむを得ない状況となります。しかしかおりさんは、社員の雇用を何としても守らなければならない、と考えました。「赤字の会社をつなげるのは私だけ。社員の生活を考えたら、私が会社を継いでいくしかない」――その一心から、全く素人同然ながら経営者として会社を継ぐ決意をしたのです。

時はリーマンショックの真っただ中、売上は半分まで減少し、営業に駆け回る日々でした。しかし技術経験がなく、加工方法その他、自分の会社に何ができるかについても浅い知識しかない状態です。新規開拓営業では足元を見られ、全く利益の出ない仕事を指値でやってしまうという失敗もありました。

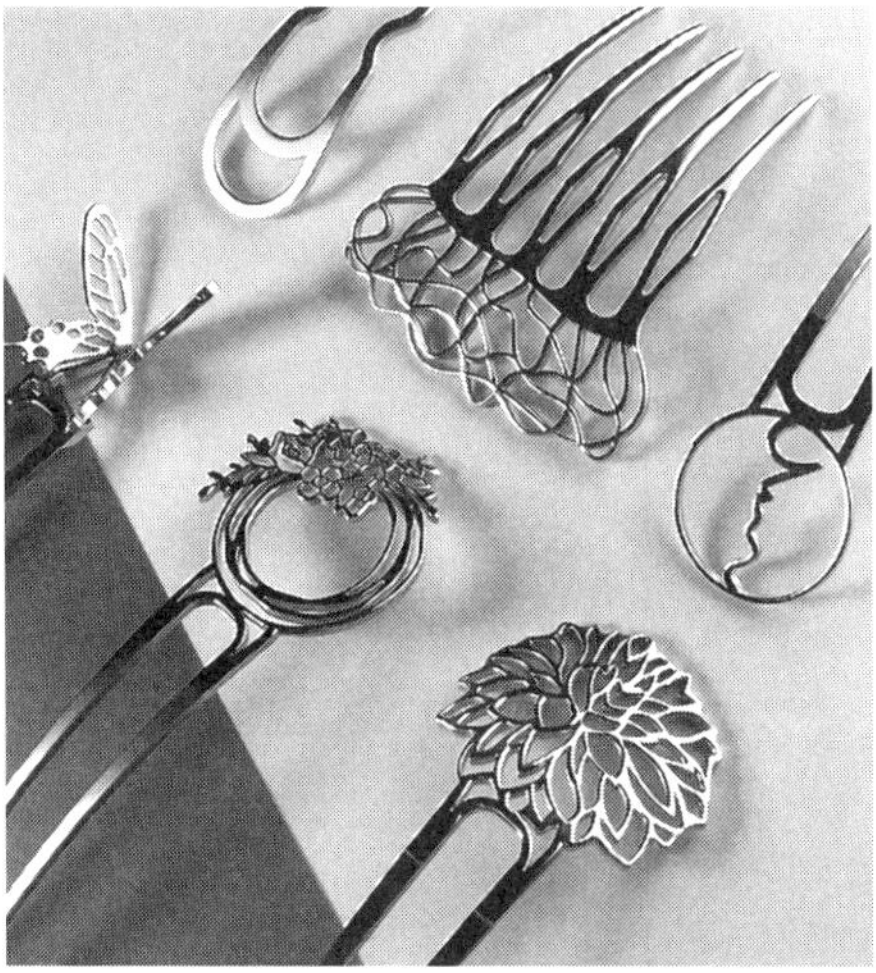
山崎製作所のKANZASHI

業界は職人が中心の男社会で、社員たちもコミュニケーションをとりながら仕事をしていくことには慣れていないため、寡黙で職人気質な社員たちとどう向き合っていくかも課題でした。そんなある日、知り合いの誘いから中小企業経営者の勉強会に入会し、企業経営、経営者の在り方について学ぶ機会がありました。これを機にかおりさんのさまざまな試みが始まります。

まず社内で研修会を定期的に開催。社長と社員、あるいは社員同士のコミュニケーションを活発化させました。このことから社員がいろいろな考えを発言するようになり、一方的な労使意識は薄れていきます。社員が自分の役割、目的意識をもつようになり、社内の雰囲気も少しずつ変わり始めました。

特に、社員とともに試行錯誤を重ねて経営理念を創り上げたことは、大きな分岐点となりました。

経営理念を明確にし、社内に周知、浸透させ、全社員がこれに基づいて行動することによって、会社は大きく変わっていきます。やがて経営理念に基づいた事業計画も社員とともに策定し、生産工程の見直しや、最新設備の導入を進めるようになりました。

◆自社商品ブランド「三代目板金屋」

多くの町工場は、大企業からの下請け仕事で成り立っているといっても過言ではありません。その結果、度重なるコストダウン要求で収益率が低下する一方、大企業の内製化によって仕事がなくなり、売上が低下しています。

この中で山崎製作所は、高い技術力を提供する自社ブランドの立ち上げによって、非価格化商品開発に成功しています。きっかけは、経営計画を策定する中で、自社商品の必要性を訴える社員の声が高まったことでした。

しかし、同社もそれまでは下請けの仕事が中心で、自社商品をつくった経験がありません。客先から図面をもらい、ミスなくその通りに加工することが、それまで同社に求められていたことでした。高い技術力をもちながら、初めから自分たちで「商品を考えて売る」ことに慣れていなかったのです。

そのため、新商品開発に取り組んではみたものの、苦労の連続でした。

かおりさんは、まず「ひらめきノート」というものをつくって、社員からアイデアを集めてみました。しかしほとんどのアイデアはすでに市場で売られており、他社との差別化がむずかしく、なかなかうまくいきません。

かおりさんは「何が原因か」を一生懸命に考えました。そして、自分たちのつくりたいものをつくろうとしてもうまくいかないこと、「どこで、どのようなお客様に使っていただくのか」を明確にしたマーケティングを考えていかなくてはいけないことに気がついたのです。

そこでかおりさんは、学校でデザインと板金を学んできた娘の瑠璃さん、元美容師の女性社員、そして自分を中心に、「三代目板金屋」という自社ブランドを立ち上げることにします。

自社の強みからブランディングを考えていこうと思ったかおりさんは、自分たちが行っている「板金加工のルーツとは何だろう」と考えます。

その昔、錺《かざり》職人という人たちがいました。錺職人は、武士の甲冑や鎧の飾り、刀のつばの金属部分の装飾から始まり、かんざしなどの髪飾りもつくる、いわば工芸品の職人です。鉄を熱して切断し、曲げ加工を行い、磨いて品物にする、現在の板金加工と全く同じ流れで品物をつくっていました。さらに、同社のある駿河の国（現在の静岡県）には、そのような職人が周りの藩から集められたことがわかりました。

「ここがルーツ」と確信したかおりさんは、板金加工の職人技を活かした商品、板金屋がどういう仕事をしているかを一般消費者に向けて発信していける商品をつくります。自社商品、〝ヘアジュエリーＫＡＮＺＡＳＨＩ（カンザシ）〟の誕生です。

〝ＫＡＮＺＡＳＨＩ〟は、ステンレスの板材をレーザー加工で切り抜き、ロールという機械で若干の曲げをつけ、バフ研磨という加工で表面をピカピカに磨き上げてつくります。手作業で加工する部分が多く技術力も必要な、まさに職人技が光る芸術品。加工に使用する工具や機械は違いますが、まさしく板金のルーツである錺職人が行ってきた加工と全く同じ工程です。

この自社商品によって、「どこに（誰に）向けて」といったマーケティング・コンセプトも明確になりました。「日本の伝統であるかんざし文化を現代の女性たちに広げていきたい」というベクトルが定まったのです。

２０１９年１月、ＳＤＧｓをテーマに静岡で開催された東京ガールズコレクションでは、〝ＫＡＮＺＡＳＨＩ〟で飾ったモデルがランウェイをデモンストレーション。女性板金職人の活躍とＳＤＧｓの取り組みが見事にリンクし、注目を浴びました。これを機に、これまでの百貨店や和雑貨店での取扱いに加え、大手デパートや全国のセレクトショップを中心に取扱店数が増えていきました。

「三代目板金屋」の新商品開発は、日本のひらがなの文化と板金加工を融合したアクセサリーの提案や、外部デザイナーとの協業など、さらに広がりをみせています。最近では、海外向けのＥＣモールで、台湾を中心に海外でも少しずつ認知度が上がってきています。全国メディアに取り上げられたこともあり、会社全体の売上の約１割〜３割にまで伸張しています。

◆非価格化商品誕生の要因

同社はこのようにして非価格化商品の開発に成功してきましたが、「社長ひとりだけの力では、継続的に非価格化商品を生み出すことは不可能。自ら考え自ら行動する（自律的な）社員が必要です」とかおりさんは言います。非価格化商品「三代目板金屋」誕生の背景には、かおりさんの、社員を大切に育てていく人財育成があるのです。

社長であるかおりさんは、自ら社員１人ひとりと話し合い、コミュニケーションを取る機会を増やしていきました。その過程で社員が育ち、社員から「自社商品をつくりたい」との声が上がり、非価格化商品「三代目板金屋」誕生に至ったのです。「人を大切にする経営」

を継続してきた賜物といえるでしょう。

もちろん、同社の成功要因は他にもいろいろとあります。ハード面においては、積極的に新しいものを取り入れてきました。加工材料ごとの調整やメンテナンスに手間がかかっていた旧型加工機は最新のものに更新し、データの電子化や加工機の自動化、ＪＯＴ化を進めています。「他の板金工場では加工が面倒で断る仕事でも、大半は対応しています。お客様の構想をどうしたら実現できるのかを考えています」と、かおりさんは言い切ります。お客様の幅広いニーズへの対応が可能となったのは、これまでの勘・コツの職人世界から、図面や加工プログラムのデータを生産履歴としてライブラリー化したことにより、類似製品の検索性を高めた結果です。

さらに同社は、加工の初期工程である鋼板の切断、穴あけ、ネジ穴加工は自動化による終夜運転を可能にし、加工機間のＩＯＴ化により、各工程の進捗状況や加工機の稼働状況を一目で確認できる状態となっています。これにより、生産工程におけるボトルネックを解消し、多品種少量生産での短納期を実現しています。

このような積極的な設備投資による効率化が、他社との差別化となり、結果として顧客を増やしているのです。

◆「ものづくりで救える命だってあるはずだ」

今、かおりさんは、社内のプロダクト開発に留まらず、地元企業を巻き込みながら地域の魅力を発信する4つのプロジェクト活動に注力しています。

代表的なのが、静岡県の女性の事業承継を応援するA・NE・GO（Assist Next Go）で、かおりさんはその代表を務めています。静岡県内のものづくり企業のパッケージブランド〝STYLISH×SHIZUOKA〟にも、幹事企業として参画しています。

2020年には、〝しずパレ〟というサイト運営を始めました。これは、地元静岡の中小企業の取り組みと商品のよさを県外に向けて発信するサイトです。静岡県が産業のデパートのように、「ひと、もの、こと」で賑やかなことをブランディングしていくための活動で、〝パレ〟には〝パレード〟の意味が込められています。ものづくり商品に加えて農水産品まで、地元産品などを幅広く取り扱うECテーマパークです。

また2015年からは、SPメディカル（以下〝SP〟）に、中核メンバーの1社として参画しています。〝SP〟とは、静岡県下8社（2020年10月現在）のプロ企業集団が結集し、医療機器メーカーの製造面をサポートしていく生産技術協同組合です。「ものづくりで救える命だってあるはずだ」、これが参加各社の想いです。

そもそも静岡県は医療機器生産高日本一の県です。平成30年厚生労働省の「薬事工業生産動態統計年報」では、静岡県の医療機器生産金額は引き続き全国1位となっています。また、医薬品と医療機器の合計生産金額は、9年連続で全国1位です。コロナ禍で使われた体外式膜型人工肺（ＥＣＭＯ＝エクモ）も静岡県内で生産されています。

かおりさんたちが挑戦しているのは、整形外科、耳鼻科などの医師が手術で使う手器具の国内生産化です。この器具には、比較的安価なアジア製がありますが、医療現場からは、安定供給と品質が保証できる日本国内での生産品に対しての期待が高まっています。

現状、多くの医療器具は、輸入に依存しています。コロナ禍を体験した私たちにとって、もはや輸入品のみに依存するわけにはいきません。ぜひとも国産化を進めていくべき製品が、医療機械や医療器具なのです。

しかしこの手器具は、少量多品種な製品であり、大手メーカーが手を出せる器具ではありませんでした。そこで、〝ＳＰ〟参加会社が、医師たちの声を拾い、知恵を出し合いながら製品化を進めていくことに挑戦しているのです。

山崎製作所からは、このプロジェクトに若手の技術者が参画しています。若手の技術者の自由な発想と、新しい板金加工技術のもと、他のプロ集団とつながり合うことで、国産化の扉が開かれようとしています。

PART 2

ニッチ市場で非価格経営を実現する

ニッチ市場❶

食品工場に特化して価格競争からの脱出に成功する

三和建設株式会社（総合建設／大阪府大阪市）

工事金額がすべてと考えられている建設業界で、非価格的な価値を創造し、着実に利益を上げている三和建設。その秘訣は、事業対象を「継続して需要が見込め、設計・施工の難易度があり、参入障壁があり、自社にノウハウが蓄積されるもの」に絞っていることだ。決して受注金額を追わず、自社のノウハウと優位性を活かした事業を着実に受注して成長を続けている。

◆価格競争から逃れられない建設業

三和建設は、大阪市淀川区にある社員153人の中堅総合建設会社です。1947年の創業以来、生産・物流施設、マンション、商業施設などの建築工事や官公庁の土木工事などで多数の実績を残してきました。

同社は、「建物だけでなく、建物を通じてお客様が手に入れたい価値を提供すること」を信条に、お客様のニーズを引き出し、提案から施工まで一貫したサービスを提供しています。また、経営理念である「つくるひとをつくる」には、「ひとづくりに基づく企業の持続性・永続性を大切にする」という思いが込められています。

2005年にルネス工法（総二重床工法）の特許使用権を獲得。長期優良住宅のブランド「エス・アイ200」は2009年度と2010年度に国土交通省の長期優良住宅先導的モデル事業として連続採択されるなど高い評価を得ています。

しかし三和建設に限らず、建設会社は経常利益が10％を超えることはほとんどなく、他の業界に比べて利益率が低いのが現状です。

理由は、主に3つあります。

第一は、日本全体として社会資本整備が進み、建設投資が減少していることです。1992年の年間84兆円をピークに、2019年は震災復興費や防災復興対策費を含めても年間62兆円と、約27％減少しています。

第二は、価格中心で発注するかどうかを決められていることです。発注側は、多額の費用がかかる建設工事を1社だけの提案で決めるのはリスクがあるため、複数の建設会社からの相見積もりで比較して発注します。受注側も、総合建設業として間口広く、特に分野を絞らずに受注活動を行っているため明確な提案内容の違いを打ち出せず、結果として価格競争になっています。

第三は、フロービジネスであるということです。建設業は典型的な受注ビジネスで、定期的な収益は入りません。今年は多く受注できても、来年も同様に受注できる保証はありません。仕事の先行きが見えないために、無理な受注に走る建設会社もあります。

この3つの理由から、建設会社は価格競争からなかなか逃れることができません。価格競争の激化から、建設業の利益率は低水準で推移しているのです。

森本尚孝社長が２００８年に会社を受け継いだ当初も例外ではなく、利益が出ない物件の受注も少なくありませんでした。

「この常識化している価格競争から何とか抜け出したい」――そう考えた森本社長が、今後の会社の存続、事業の方向性を考える中で、自社の創業以来の建設実績を分類し、社会の需要・方向性と自社の得意分野を絞り込む中で浮かび上がったのが「食品工場」でした。

年2回開かれるSANWAサミット

◆食品工場・食品倉庫建設のノウハウを活かす

三和建設の歴史をさかのぼると、昭和34年、株式会社寿屋（現サントリー株式会社）山崎工場の整麦工場を建設するなど、数多くの食品工場を手がけてきました。

食品工場と一口に言っても、その工場で生み出される製品の特性・製造方法・危害要因・販売形態はそれぞれ異なります。そのために食品衛生面、製造環境面で求められる工場としての品質性能は多種多様です。建設難易度も高く、建設後も稼働後の調整や修正が必要なケースも多く手離れも悪いので、得意とする会社はあまりありませんでした。

しかし多くの食品工場を手がけるうちに、三和建設はそこに共通した食品衛生管理や品質管理体制、生産エリアで働く従業員の環境改善などの課題があることに気づきました。であれば、それまでの有形・無形の経験が、お客様により価値の高い提案をする上で役立つのではないか、と考えたのです。

①鮮度や日本産への信頼性の点から、国内消費向けの食品工場は比較的海外進出しにくく、今後も国内でターゲットとすべきマーケットが維持される可能性が大きいこと。

②サントリーを初め、古くから大手食品メーカーとの取引実績があり、新規営業において信用を得やすいこと。

③食品マーケットは、比較的景気の波に左右されにくいこと。

④食品工場は、他の生産施設に比べて施設に求められる要件が複雑かつ多様であり、自社のこれまでのノウハウや実績を集結することで他社と差別化できること。

⑤食品工場の顧客事情は千差万別であるが、一定の要求事項があり、これまでに手がけた実績による知見や経験を、今後の提案・設計・施工に活かす余地があること。

こうした理由から、森本社長は改めて自社をブランディングすることを決意しました。「食品工場」に的を絞り、自社の技術力や経験の価値をお客様に提示する方向に舵を切ったのです。これ以降、同社は、単純に工事の請負ではなく、他社と比較できない価値をお客様に提供することになります。

◆「FACTAS®」ブランド、「R・iSOKO」ブランドの立ち上げ

同社は2012年には高品質な食品工場のトータルブランド「FACTAS®」を立ち上げ、全国の食品会社にアプローチを開始します。

「FACTAS®」ブランドを確かなものにするために、同社は定期的に食品衛生の専門家などを講師に迎えて「食品企業経営者向けセミナー」を無料でスタート、食品工場のニーズを徹底的に把握するなど、知識の収集や技術の向上に努めます。

一方で同社は、食品工場と同様に、創業当初から多くの倉庫建築を手がけてきました。食品工場に関連して、冷蔵倉庫や危険物倉庫・自動倉庫なども数多く建設しています。特殊な法知識や物流システムに関する知識など、ニッチな専門知識・経験を必要とする特殊倉庫を得意としている会社はそれほど多くありません。

安全性やコンプライアンスの観点から、危険物倉庫に求められる法基準はますます厳しくなっています。また個食化が進む今、冷蔵・冷凍食品倉庫は細分化し、需要も増えているため、慢性的な人不足から倉庫の自動化も求められています。

そこで同社は「FACTAS®」に続き、オーダーメイド型の特殊倉庫にも注力することにします。お客様に理想（R・iSO）の倉庫（SOKO）を提供する「R・iSOKO」ブランディングの立ち上げです。

「ＲｉＳＯＫＯ」によって、過不足ないジャストスペックの特殊倉庫（危険物倉庫・冷蔵倉庫・自動倉庫）をお客様に提案することで、同社は他社との差別化をはかり、業務を受注しています。これらの戦略が功を奏して、徐々に「食品工場・倉庫なら、三和建設」というブランドが確立し、最近では、遠方からも問い合わせが来るようになったのです。

同社では、これらのブランドに基づいて、建設だけを請け負うのではなく、設計段階から事業に参画する「設計施工」を行っています。時には、事業用地取得の協力や、専門コンサルタントと協働し食品会社の事業計画の策定支援を行う場合もあります。

設計事務所が設計したものを建設するだけであれば、価格で比較されてしまいます。設計施工だからこそ独自の提案ができ、理由ある価値提示が可能となります。現在、同社では設計施工比率74・1％になっています。

中規模建築会社の設計施工比率は通常30％以下、高いところでも50％といった状況を考えると、圧倒的に設計段階からの提案ができていることがわかります。

◆業界の慣習にとらわれない攻めの受注活動

同社の受注活動も斬新です。

中小建設業の多くは、未だに営業活動と称して大手建設会社や電力・ガス・鉄道・道路などのインフラ事業会社、不動産会社、建築設計事務所への挨拶回りや接待を行っています。しかし三和建設はウェブサイトを充実させており、積極的にセミナーや見学会を催して集客活動を行っているのです。

賃貸住宅ユーザー向けとしては「賃貸経営セミナー」「ルネス工法 賃貸マンション見学会」などがあり、食品工場ユーザー向けには「近畿HACCP実践研究会 オンラインセミナー」、そして特殊倉庫ユーザー向けとしては「RiSOKOオンラインセミナー」などを開催し、既存顧客への情報提供・ファン化と新規顧客の開拓に注力。

『月刊 食品工場長』（日本食糧新聞社）などの専門誌にも積極的に記事を掲載し、食品工場ユーザーにアピールするとともに、食品関連展示会に出展を行っています。

ちなみに2020年10月に東京ビックサイトで開催された食の総合展「フードファクトリー」に参加していた建設会社は同社を含めてわずか3社、それも他の2社は大手ゼネコンの竹中工務店と清水建設でした。中規模ゼネコンでこのようにニッチな市場に特化し徹底的な営業活動を行っている会社は非常に少なく、見事な差別化戦略といえます。

森本社長はこうした戦略を逐次推進するとともに、社員が働きやすい環境をつくるための社内改革も行ってきました。それが実を結び、世界約50カ国で展開している世界最大級の意識調査機関「Great Place to Work®」による日本における「働きがいのある会社」ランキングでも、6年連続でランクインしています。

　２０１７年には「日本でいちばん大切にしたい会社大賞」審査員特別賞受賞、２０１８年には関西経営品質賞（ブロンズ）を受賞。また２０１８年に教育寮「ひとづくり寮」を建設、２０１９年には企業主導型保育園「りんごぐみ」を開園するなど、働きやすい会社づくりをめざしています。

　２０１７年に70周年を迎えた同社。今後も、１００年企業をめざして、さらなる成長を続けていく決意です。

ニッチ市場②

高品質な手仕上げによるクリーニングと障がい者雇用を実現

有限会社プラスアルファ

（クリーニング／福岡県福岡市）

クリーニング業界には珍しい24時間・365日営業を行い、手仕上げでのていねいな仕上がりで顧客基盤を広げていったプラスアルファは、同時に障がい者雇用にも注力している。高い品質やサービスの維持は社長の努力であると同時に、障がい者も含めた全社員の努力の結晶でもある。

◆手仕上げへのこだわりと積極的な障がい者雇用

１９８５年に小川行治さんが設立した有限会社プラスアルファの本店と工場は、福岡市東区の住宅街の一角にあり、業務用クリーニングを事業としています。資本金は３００万円、社員数は関連法人を含めて50人です。

同社の特徴は、「手仕上げ」による品質へのこだわりにあり、クリーニング業界では全国的にも珍しい「24時間・３６５日営業」を行うなど、多様なニーズにきめ細かく対応しています。

もうひとつの大きな特徴は、社員の82％にあたる41人が、心身に何らかの障がいを抱えている人であることです。全国の民間企業における障がい者雇用率は２・11％（２０１９年６月現在、厚生労働省）であることを考えると、82％という数値は驚異的といえます。しかも、ほとんどが正規社員であり、給与水準はいわゆる業界平均と同等以上だそうです。

高品質と独自のサービスの追求を、障がい者が中心となって実現しているのです。

高品質な手仕上げと、ユーザーの立場に立ったサービスを同時に提供することで、同社は顧客を獲得するとともにその関係を強固にしていきました。

主要顧客リストには、福岡市内の有力ホテル、老舗百貨店、イベント興行会社、有名タレントを擁する芸能プロダクションなどが名を連ねています。これらの主要顧客から、利

「すべて手仕上げ」という品質へのこだわり

用客の衣類やリネン、制服、タレントのステージ衣装などのクリーニングを受注し、売上を順調に伸ばしてきました。売上の9割はこれら主要顧客が占め、残りの1割が一般のお客様です。

同社の一品当たりのクリーニング価格は、同業他社の平均と比較して、主要顧客で3倍以上、一般顧客で2倍ほど高いそうです。有名タレントのステージ衣装は1回当たり1000点を超え、金額が100万円を超えるケースもあるそうです。

◆他社がしていないことに挑戦する

小川さんは20代の頃、親と喧嘩して鹿児島の実家を飛び出し、大阪でホームレス生活をしていました。そんな時、ホームレス仲間の元大学教授からなけなしのお金をもらい、1年半でなんとか社会復帰することができました。その後、クリーニング業とは全く異なる分野の会社を経営し、業績も順調でした。ところが、ホームレスの経験を繰り返したくないとの思いからか、知人からの儲け話に乗ってしまい、資金繰りが急激に悪化、最終的には経営権を失うという痛手を負いました。

「あの頃の私は、金儲けのことばかり考えていました。今考えるとかなり危うく、無茶な経営をしていました」と小川さんは当時を振り返ります。

小川さんは再起をかけ、現在の会社の設立を計画しました。しかしそれまでクリーニング店で働いた経験はなく、顧客基盤もありません。手元の資金も心もとない状態でした。経営資源が乏しい状態で同業他社と同じように事業を展開しても、顧客数が安定するまでには相当の時間を要します。価格競争に巻き込まれる可能性もあり、苦しい経営状況が続きます。いずれ行きづまることは十分に予測できました。

そこで小川さんはターゲットを絞り込み、「同業他社がやっていないこと、やらないこと」をする必要があると考えます。そこで、手仕上げによるクリーニングを24時間・365日営業体制で提供するという、全国的にも珍しいクリーニング店が誕生したのです。

しかし当初は、なかなか受け入れてもらえませんでした。福岡市内のホテルにターゲットを絞って営業しましたが、実績、知名度ともにゼロだったため、断られる日々が続きます。

それでも小川さんは落胆しませんでした。研鑽を重ねたクリーニング技術、とりわけ独自の染み抜き技術は必ず評価されると信じていたからです。営業先で断られても、必ず「染み抜きで困った場合は当社をお試しください」と案内を残しました。

ほどなくして、サービス満足度で常に上位にランキングされるホテルの宿泊支配人から、「大事なお客様の服についた染みが落ちない。あなたのところで何とかならないか」と声がかかります。その期待に見事に応えたことから、そのホテルが創業して最初の顧客になりました。そこは業界団体のリーダー的存在だったため、その後の営業活動はとてもやりやすくなったのです。

◆障がいがあっても自立できる職場環境を提供

もうひとつの特徴である障がい者雇用は、35年ほど前に、ある障がい者と話したことがきっかけでした。障がい者に対する差別が根強くあること、障がいがあるということだけで働けないと思われ仕事に就けないことなど、小川さんがこれまで考えてもみなかったことばかりでした。「世の中には、働きたくてもその機会を与えてもらえない人がいる」という不条理に大きな衝撃を受けたのです。

当時、経営は順調でしたが、経営の方向性や理想とする会社像を定めることができず、非常に悩んでいました。しかし、この出会いによって進むべき方向と将来像が明確になります。「障がいがあっても、職業人としての成長と自立を果たせる会社」にすることです。

しかし、ものごとは想定どおりには進みません。最も多く雇用している知的障がい者は、一般的に、新しいことを覚えるのに時間がかかる、一度にたくさんの情報を伝えると混乱する、応用が苦手、などの特徴があるとされています。

小川さんはそのような特徴に配慮せず、すぐに結果を求め、仕事がうまくできないことに腹を立てるという悪循環を繰り返していました。

「障がい者雇用を始めてしばらくは、気負いもあり、ひとりで空回りしていました。それぞれの特徴や特性を理解せず場当たり的に対処していたので、彼らもつらかったと思います。1人ひとりきちんと向き合うことの大切さを痛感しました」と小川さん。

しかし、個々人への理解を深めることに注力し始めた日から、事態は少しずつ好転していきました。現在、最初に雇用した障がい者の社員は、同社の中核メンバーとして日々業務に励んでいます。

◆顧客との関係強化に専念し、経営を安定させる

小川さんがつくり上げたビジネスモデルは、顧客の期待に応え得る独自のクリーニング

技術と、顧客の立場に立ったきめ細かなサービスです。同業他社との違いを明確に訴求できたことで価格競争に巻き込まれることもなく、顧客を順調に獲得することができました。

また、絞り込んだターゲットに対して、巧みに営業活動を展開しました。同社の商品・サービスの特徴や他社との違いを理解してくれる顧客、興味や関心を示してくれる顧客との関係強化に集中し、顧客基盤を固めて経営を安定させることができたのです。

現在、主要顧客との取引は大半が20年以上継続しており、ある大物タレントは年間のライブスケジュールを直接連絡するほど信頼を寄せています。

新しい取引先も着実に増えています。福岡に進出した大手ホテルとは、昨年6軒、今年はすでに4軒と取引が始まっています。これらは、こちらから営業活動をしたのではなく、ホテルから取引開始の申し出があったものです。また、最近は官公庁からの受注も増えています。

一方、障がい者雇用については、経営者である小川さんが本気で取り組んだことに加えて、同社の経営が安定していたことが重要な成功要因といえるでしょう。

障がい者雇用を始めてから間もなく出てきた課題にも適切に対処し、ていねいに指導・育成してきました。指導や育成に力を入れるほど、営業活動にかける時間が減って売上を思うように伸ばせないというジレンマもありましたが、経営が安定していたので、「5年間くらい我慢してみよう」と腹をくくることができたといいます。

これまでの取り組みによって、障がいがある社員もすべての作業工程を把握して業務を行う「多能工」へと成長し、同社の高い品質とサービスを生む源となっています。知的障がいを抱えながらも国家資格「クリーニング師」の試験に挑戦し、見事に合格した社員が25人おり、今後も合格者が出る見込みです。

また、調理師やボイラー技士の国家資格、マイクロソフト・オフィス・スペシャリスト（MOS）の資格を取得して業務に活かしている社員もいます。

「先日、障がいがある社員から、社長は仕事をしなくていいから体を休めてくれ。仕事は私たちで大丈夫だからと言われました」と小川さんは嬉しそうに話します。

このように同社は、小川さんがめざした「障がい者の職業人としての成長」を高度に具現化しています。一般の常識や固定概念を超越した成果であるといえるでしょう。

◆障がい者と障がい者雇用への認識を変えていきたい

小川さんは今後も、障がい者雇用の意義や障がい者の成長の可能性を社会に訴えていきたいと考えています。そのためにも安定した経営が続くように、新たな商品やサービスを順次、投入してきました。

そのひとつが、最近小川さんが独自に開発した超音波振動洗濯機の導入です。これにより洗浄能力が格段に向上しました。

同社は二十代の社員が半数以上を占める、とても若くて可能性のある会社です。将来は、「障がい者が経営する、障がい者の実雇用率１００％の会社」をつくるという壮大な目標を掲げています。

「夢が叶うにはまだまだ時間がかかることはわかっています。道のりにするとまだ3割程度しか進んでいないのではないでしょうか。しかし、いずれは彼らの力で会社を経営してもらいたい。それが実現できれば、障がい者や障がい者雇用に対する世間の認識が大きく変わるのではないかと思うのです」

小川さんは強い意志をもって、夢の実現に進んでいきます。

ニッチ市場❸

風速15メートルの強風にも耐えられる究極のビニール傘で脱競争

ホワイトローズ株式会社

（ビニール傘製造販売／東京都台東区）

誰もが当たり前のように使っているビニール傘。それを考案し、初めて製造したのが３００年の歴史をもつホワイトローズだ。一般に受け入れられるまでには何十年もの長い時間が必要だったが、苦境の時にあっても、常に「人のお役に立つ」ことを考えてつくり続けたビニール傘が、今注目を浴びている。

◆創業300年。品質が認められて宮内庁御用達に

洋傘製造業の国内市場規模は年間約1億本。金額ベースでは約300億円。その9割を占めているのが中国からの輸入品です。

このような大変厳しい市場環境にありながら、世界で初めてビニール傘を開発し、人の安全を守る高付加価値の商品を提供しているのがホワイトローズ株式会社です。

東京の下町・台東区にある社員3人、パート6人という家族経営の同社は享保6（1721）年に創業し、300周年を迎えた老舗。宮内庁御用達として皇后陛下はじめ多くの著名人に愛用され、その機能性と品質には高い評価を受けています。

創業当時は煙草商でしたが、刻み煙草を保管する油紙で雨合羽を考案し、参勤交代の大名行列に採用されたことから雨具店に転身。明治期には人力車の幌や天幕も扱い、従来の和傘に加え、洋傘も製造販売を始めました。そして9代目が世界に先駆けてビニール傘を発明、販売を始めました。現社長の須藤宰さんは10代目に当たります。

同社のビニール傘は、使う人の立場に立ったものづくりを貫いています。「売れる商品より、使ってもらえる商品をつくる」のが同社のこだわりです。

同社の特徴の第一は、傘を単に雨除けの道具や流行のファッションではなく、「人間を風、雨、雪から守る道具」として位置づけていることです。傘本来の果たすべき役割が何であ

るか、考えを重ねた上で、忠実にものづくりを追求しています。

第二は、機能性に徹底的にこだわった商品力です。内側からの風が外に抜け、外側からの雨は入りにくい「逆止弁」は特許を取っており、風速15メートルの強風にも耐えられる傘を実現しました。

万が一壊れた時は、修理にも対応しています。傘は壊れるもの。だから、壊れにくく、かつ、すべて直して使えるようにつくっているのです。修理対応することで、顧客との接点が増え、新しい顧客の紹介や、リピート購入にもつながっています。

愛着をもって、永く使ってもらえる傘が、エコ商品として注目されています。

第三は、個々のニーズに応える製品開発力です。

ある時、埼玉県警から「周りに光るテープを貼った、黄色の大きくて丈夫な傘をつくってほしい」という依頼がありました。交通事故の加害者が、道路上で警察の聞き取り中に事故にあうことがあったためでした。この傘があれば、加害者の安全を守ることができます。

ある議員からは、選挙用に「丈夫で大きな傘を」という相談を受けました。そこで同社は、傘の骨を増やし、関節を補強するなど工夫を凝らしました。これは後に「シンカテール」という商品になり、「雨天時の演説でも顔が見える」と、選挙のたびに注文が増えています。

その他にも、お坊さんが雨の日にお経を読む時に袈裟が濡れないための大きな傘「テラ・

ホワイトローズの頑丈なビニール傘

ボゼン」や、風速30メートルに耐えてしかも持ちやすい山ガール向けの小型の傘「カテール・ピッコロ」、シニア向けの杖と傘を一本化した「信のすけ」を開発しました。

最近では、ビニール素材の折り畳み傘を開発しました。ビニールはそもそも折り目がつかない素材のため、そのままでは折り畳みには向かず、製造は困難でした。しかし、何度も試行錯誤を繰り返し、ついに完成しました。クラウドファンディングで目標額を達成し、販売に至っています。

現在は、ビニール素材の日傘を開発しています。

◆新製品の開発はピラミッドの頂点から

２０１０年に開催された園遊会で、ＶＩＰの人たちのために用意されていたのが、同社の「カテール」という商品でした。実際に手に持たれた当時の皇后陛下（現上皇后美智子陛下）に、大変気に入られたようです。

宮内庁の傘の修理を請け負う会社からの相談もあり、皇后陛下のご要望である「透明で丈夫で使いやすい傘」をつくるべく、皇后陛下のお体の大きさや傘の使い方をうかがい、期待に応えることができるよう開発に専念しました。

向かい風が吹いたからといって、傘を斜め持ちすることはない美智子皇后陛下の優しい心遣いが、新たなヒントをくださいました。「風が通るように、ビニール部分に穴を開けよう」という発想です。

これが前述の逆止弁の誕生につながります。以降、逆止弁はほとんどの商品につけられ、耐風性を高めることでより壊れにくくなりました。

同年、当時の天皇・皇后両陛下に5種類の傘をつくりました。現在の「縁友」です。その年に女性週刊誌に掲載され、主婦層を中心に話題を呼びました。

店内に掲げられている「社針」は、会長の三男さんが書いたもので、その中に「新製品の開発はピラミッドの頂点から」という言葉があります。商品に関して一番こだわりをもっている人をまず想定してつくれ、そうすれば顧客はだんだんと広がっていくもの、という意味です。その三男さんの思いは、しっかり引き継いで守られています。

◆アイデア商品を生み出すが苦境は長く続いた

創業以来、同社は時代の流れに柔軟に対応し、新しい商品を開発してきました。

三男さんはソ連（当時）のシベリア抑留を経て、1949年に帰国。戦後のもののない時代、傘をつくれば必ず売れましたが、同社は三男さんの帰国が遅れた影響によって材料の確保に苦戦しました。

「他社がやっていない、新しい商品を開発しないといけない」と考えた三男さんは、進駐軍がもってきたビニールのテーブルクロスに着目します。当時の傘は綿でできており、雨が染み込み、色落ちも当たり前。そこで、「傘を濡らさない」ためのビニール製の傘カバーを考案します。傘売り場で綿の傘と一緒に販売されて大ヒットし、1953年の朝日新聞に掲載されたほどでした。

ところがナイロンという素材が誕生すると、傘カバーはぱったりと売れなくなります。そこで三男さんは、ビニール傘の開発に着手、約5年かけて多くの特許を取得し、ようやくビニール傘が完成します。しかし、流通業者になかなか受け入れてもらえず、売れない時代が続きました。

転機は1964年の東京オリンピックです。来日したアメリカの大手洋傘販売のバイヤーが同社のビニール傘を知り、「ニューヨークで売りましょう」と提案してきました。

以後数年間はビニール傘をすべて米国に輸出し、やっと商売が軌道に乗ったと思われたある日、注文が来なくなりました。米国の会社が台湾に工場をつくって、商品を調達し始めたのです。

この苦い経験から、三男さんは、「日本国内で付加価値のあるビニール傘を普及させるしかない」と決意を固めました。それから20数年、いつ廃業してもおかしくない状況にありながら、同社は独自の技術を生かしてビニールのシャワーカーテンや撮影用器具などを製造しつつ、傘の事業を残そうと懸命に努力を続けたのです。そうするうちに、前述のような「こんなビニール傘をつくってほしい」という要望が入り始めたのでした。

ものづくりは、一度やめてしまうと、元のレベルに戻すのはとてもむずかしいといいます。だからこそ、同社は少しでもつくり続けることで、ものづくりの勘と技術を保ち、蓄積してきたのです。

◆「次の世代にバトンを渡す」という使命

同社が高付加価値のビニール傘を提供できている要因はいくつかあります。

第一に、「実はこういうことで困っている」「こういう傘がほしい」という相談に対して、「この人たちのお役に立とう」という一心でアイデアを出し合い、商品開発に取り組んでいること。まさに利他の心で事業を行っています。

第二に、傘本来の役割や価値を徹底的に考えたものづくりを続けてきたことです。このことから「人を守る傘」というコンセプトに共感する顧客が広がりつつあり、最近では、同社の傘が引き出物に選ばれることも増えてきたといいます。

第三に、国産にこだわっているということです。ビニール傘は誰もが一度は手にしたことがあるほどに定着していますが、近年は安価な中国産が急増し、ビニール傘の国内業者は年々減っており、今ではビニール傘を国内で製造するのは同社のみとなりました。「ビニール傘は『安価で使い捨て』のイメージがありますが、職人がつくる日本のビニール傘は長持ちする質の高いもの」と須藤さんは話します。一本8000円以上の価格設定は、高い品質と職人の生活を守るために、維持していかなければなりません。

第四に、300年近く続いている家業を継続するという使命を負っていることがあげられます。苦しい20数年間、事業を続けてこられたのは、「次の世代にバトンを渡す」という使命感があったからです。その使命感が、皇后陛下に愛用される傘の開発も可能にしたのでしょう。価格で競争しない市場で、他社には真似できない独自の付加価値を創り出し、日本でものづくりを続ける、まさに執念の経営といえます。

こうした同社ですが、千葉の工場が、東日本大震災、2019年の台風19号と、相次ぐ自然災害で、大きな被害を受けます。再起をはかるため、クラウドファンディングで新工場への移転費用を募りました。すると、約1カ月で目標額50万円を大きく上回る350万円が集まりました。資金を託した多くが、製品を愛用する顧客だったそうです。

ホワイトローズは、予想以上の応援を得て新工場を稼働させました。メディアに取り上げられることも増えました。ビニール傘の元祖として、「国産の火は絶やせない」と、300年目の再出発に挑戦しています。

ニッチ市場④

ペン先から軸まで「使う人」に合わせたオンリーワン万年筆

有限会社万年筆博士

（万年筆製造販売／鳥取県鳥取市）

パソコンの普及により、一時はすたれたかと思われていた万年筆が、今改めて見直されている。使う人の書き癖に合わせて、熟練した職人がオーダーメイドで製造する万年筆博士の万年筆は、「質のよいものを長く使いたい」という本物を求める顧客の心をつかんで離さない。

◆フルオーダーメイドで世界にひとつしかない万年筆

鳥取駅前商店街の一角にある万年筆博士は、万年筆の製造、販売、修理を行う会社です。

1800年代後半、日本に万年筆が輸入されて国産万年筆の製造業が生まれました。

1945年、東京で技術を習得してきた初代社長・山本義雄さんが個人経営の万年筆専門店を創業。1970年に先代社長・山本雅明さんが入社、1978年の法人化と同時に社長に就任しました。2008年に現社長・山本竜さんが事業承継し、現在、社員数は3人、年間売上高は3500万円です。

同社の万年筆はフルオーダーメイド、つまり世界にひとつしかない「オンリーワン」が大きな特徴です。軸にセルロイド、エボナイトなどのレトロな素材を復刻したり、黒水牛角やべっ甲の軸を世界で初めて開発するなど、オリジナル性、新奇性に富んでいます。

一般に万年筆は1本1万円から5万円ですが、同社がつくる手づくりの万年筆は最低でも1本6万円、平均価格は18万円、最高価格は50万円を超えるものもあります。

海外の顧客が売上高の約5割を占めるグローバル企業で、国内では直木賞、芥川賞受賞作家や国民的に人気のある映画監督も、書き味や書き心地のよさゆえに買い求めています。

鳥取の直営店での対面販売がメインで、あとはオンラインでの販売です。海外の顧客へは英語でのメールのやりとりで販売し、修理・調整の場合はメールでやりとりした後に現

万年筆博士の本格的な逸品

物を同社へ送ってもらいます。

現在は特に販売促進活動をしていないものの、納期が1年以上先であっても注文が入ります。

◆万年筆苦境の時代に職人の技術で復活をとげる

同社は今でこそ手づくり万年筆の代表的な専門店として成長をとげましたが、1960年代の大量生産時代に突入した頃は、万年筆の専門店は売上が減少。大手メーカーの万年筆の仕入れ販売に移行せざるを得なくなり、薄い利益率に苦しむ期間が続きました。

1980年代になると、ワープロやパソコンの普及などにより、万年筆そのものが売れなくなります。百貨店や文具店から万年筆売場が姿を消して、同社も例外ではなく苦戦を強いられました。

危機感を募らせた先代社長の雅明さんは、「万年筆のプロとして、諦める前に1回だけチャレンジしたい」と強く決意。暗中模索の末に独自商品の開発に踏み切りました。

それが、天然素材を使い、専用の設備と職人の技術によって、個人の要望に徹底して応える「あなただけの商品」をつくり上げることでした。大手メーカーがプラスチックを材料に大量生産するのが得意であることの、逆を突いたのです。

取引先の銀行からは反対され、家族や身内の応援だけで始めざるを得ませんでしたが、雅明さんは初志を貫きます。

まず、書きやすさ、握りやすさを顧客1人ひとりに合わせるため、世界初の「書き癖診断カルテ」を作成しました。それをもとに職人がペンポイントを研磨し、ペン先全体の調整をして、ろくろで軸材を削り出すという手づくり万年筆を復活させました。

こうしたフルオーダーメイドの万年筆は、1978年、ある出版社の社員との雑談の中から生まれたものです。

その出版社は、ある有名作家に手づくり万年筆を贈呈しようと、本人に万年筆の軸の太さ、長さ、バランス、書き味、インクの色、イニシャルなどの要望を出してもらい、大手メーカーに万年筆の製造を依頼しました。しかし数社から「特注品は対応できない」と断られます。ようやくあるメーカーが受けてくれたものの、作家のＯＫが出るまで試作を繰り返した結果、高額になってしまったというのです。

この話から雅明さんは、大手の弱みと自社の強みを同時に認識しました。「大手は特注品の受注生産はコスト高なので苦手だが、職人も材料も機械もあるわが社なら、オンリーワンの万年筆を適正価格でつくれる」（雅明さん）。廃業か否かの土壇場で、復活の手ごたえを感じた瞬間でした。

◆苦境の時代を支えた妻や職人仲間たち

手づくり万年筆の開発に注力する一方で、認知度を上げるために各地の百貨店のイベントに出店しましたが、導入期の利益は大きくありません。雅明さんの妻・啓子さんは直営店の一角に小さな高級ハンカチショップを開くなどして、事業の頓挫を回避しました。

手づくり万年筆が徐々にテレビや雑誌などに取り上げられると、そのよさが広がり、顧客が増えてきました。しかし２０００年頃になると、１９４０年代製の機械や道具が老朽化の時期を迎え、故障や製造ロスが増え、生産効率の悪化が目立つようになりました。

設備の一新を検討しましたが、それらの機械や道具を製造・販売している会社はすでになく、自社で設備を開発することとなりました。開発には7年の年月を要しましたが、しかしその結果、軸の長さや重さのトータルバランスまで考慮したフルオーダーメイドのシステムが実現したのです。

2006年には、万年筆用としては世界初の「イカ墨セピアインク」を開発。古代の製法にできるだけ従いつつ、超微粒子加工を施すことで、万年筆のインクの詰まりを改善します。このインクは顧客の心を魅了し、顧客拡大につながりました。

設備やインクの開発には、鍛冶職人や素材加工職人といった仲間が協力してくれました。内助の功や仲間の支えがあってこそ、同社は苦境を乗り越えることができたのです。

◆アイデアと技術に加え、時代のニーズも味方に

同社の成功要因は、第一に先代社長・雅明さんの先見力に裏打ちされたアイデアと、決断力、一貫力といえるでしょう。手づくりでオリジナル性のある商品だからこそ、ふさわしい価格で売ることができ、仕入れ販売の薄い利益に泣かされる時代を脱することができました。

第二に、技術力です。手づくり万年筆の製造工程は約270に上ります。さらに、高品質な万年筆をつくるには約15年から20年の修業期間が必要といわれます。現社長の竜さんは、この高い技術を、創業者から継承した職人の元で修業して受け継ぎました。希少で模倣が困難な技術ゆえに、他社は新規に参入することができません。

第三は、時代の流れに乗ったことです。かつて、同社の万年筆の愛好家の多くは万年筆に慣れ親しんだ団塊世代の男性たちで、退職祝いに購入していました。しかし、近年は若者層に愛好家が広まっています。高くても品質のよいものを長く使いたい、本格的な道具を持ちたいという本物志向の時代のニーズと、同社のコンセプトが一致したのです。

第四は、アナログからデジタルへの時代の流れです。パソコンは手づくり万年筆を衰退させた一因ですが、一方で、インターネットやSNSの普及は手づくり万年筆の顧客拡大の追い風になりました。

ある時、海外の万年筆愛好家のサイトに同社の万年筆を自慢するレビューが載りました。それがクチコミで広がり、海外の顧客からの注文が急増したのです。新型コロナ前は、海外顧客の約2割が鳥取の本社を訪問するほどでした。新型コロナ後も海外からの売上比率は下がっていません。

◆コンセプトは「100年以上使えるものをつくる」

一時は低価格競争で追いつめられた同社ですが、商品やサービスの中身で勝負する非価格経営によって活路を見いだしました。

同社の製品コンセプトには、「100年以上使えるものをつくる」という言葉があります。

万年筆は、ちゃんと手入れをすれば長く使えるものです。祖父母らが30年以上前に同社でオーダーした万年筆を形見として受け継いだ孫が、「まだ使えるかどうか」と持ち込んでくることも少なくありません。同社に大切に保管されているカルテを見ながら、孫に名前を書いてもらうと、祖父母と書き癖がそっくりということが多いそうです。

筆記具の握り方や書き癖は血のつながりで同じ場合が多く、ペン先の調整などにより、次世代にも使いやすい万年筆になる可能性が高いのです。万年筆を形見として子孫に譲れば、人生の美しく温かい思い出となり、万年筆によりいっそうの愛着もわきます。

新型コロナによって一時注文が落ち込みましたが、2020年6月以降は注文が回復し、平均単価も増加傾向にあります。また海外、特にアメリカからのオーダーも増えています。在宅ワークやテレワークは増えましたが、実際に人と会う機会が減ったため、手紙などを通じた温もりあるコミュニケーションがよりいっそう見直されているからではないかと、竜さんは見ています。

◆営業をしない営業の形

同社では年2回ほど東京で受注イベントを開催していましたが、2年前から止めています。こちらから顧客に近づくのではなく、顧客からアクセスいただくほうが、同社のコンセプトを理解してくださる顧客に出会えると考えたからです。

実際、注文や受け取りに本店を訪問する顧客は、コロナ後でも半数を超えています。また「社長に会ってみたい」「一度は店に行って見たい」と顧客がわざわざ鳥取を訪れ、製造現場を見て話をしていくこともしばしばあります。それはただの売り手と買い手という関係を超え、同社の手づくり万年筆への愛顧も超えた、万年筆博士に対するコーポレイト・ロイヤリティの表れでしょう。

同社の姿勢に、営業をしない営業に、営業の最高の形を見ることができます。

PART 3

商品力・技術力・サービス力の「差別化」で非価格経営を実現する

差別化①

素材に徹底してこだわるから値引きはしない

株式会社エコ建築考房（建築／愛知県一宮市）

エコ建築考房は、徹底して安全な自然素材を使い、永く安心して住むことができる家づくりをしている会社である。社員数はパートを含め47名、売上高は10億6０００万円。健康で安全に、快適に暮らしていただくことを徹底的に考えて家づくりを行い、地域の方に支持されて、年間30棟を完成させている。

◆住宅素材に徹底してこだわる

現顧問で創業者の高間利雄さんはある時、お客様から「新築の家でシックハウスに悩まされている」と相談されました。高間さんは衝撃を受けて、自分自身が納得できる素材だけを用いた健康によい住宅を建設することを決心。1997年にエコ建築考房を創業し、化学素材をいっさい使用しない家づくりを始めます。

仕上げ部分だけでなく、下地から化学素材を全く使わない住宅建設はとても珍しい取り組みで、なかなかお客様から理解が得られず、苦しい経営が続きます。次第に共感してくれるお客様も増えてきますが、よいものを追求するあまり、化学素材の使用を希望するお客様はお断りせざるを得ず、なかなか経営が安定しない時期が続きました。

そんな中で高間さんは、2009年に「チルチンびと地域主義工務店の会」と出会います。雑誌「チルチンびと」に掲載されている住宅に魅力を感じ、エコ建築考房で使用する素材をさらに厳選するようになります。日本で、ここまで徹底して素材にこだわる会社は、そうそう見当たりません。

その徹底的なこだわりとは、使用する素材は湿気を通すことと、素材に含まれている成分の安全性が確認できること、の2つです。

エコ建築考房では、木はすべて国産で、産地がはっきりわかる木材を使用します。乾燥方法にもこだわり、骨組みには天然乾燥材を使用、腐りにくく粘り強い丈夫な骨格とします。

木の加工も自社工場で行っており、熟練の職人が要所要所で手作業で微調整して仕上げています。床素材は、無垢の宮崎産杉材厚さ24㎜のみでつくり、壁材は左官材という塗り物の素材だけを使用しています。

水回りも木材利用を徹底しています。また産地と連携し、安定的な購入を行うことにより、生産者や流通経路を独自に構築しています。

現在日本の一般的な家は、湿気を通さない新建材（ビニールクロス、カラーフロア）でつくられた家がほとんどです。新建材でつくられた室内は、接着剤や合板から発揮する化学物質の臭いがビニールクロスに閉じ込められ、長期間にわたって臭いが残り、淀んだ空気になってしまいます。

目に見える壁の表面だけ湿気を通す素材を使用しても、壁のどこかに湿気を通さない素材が使われていれば、そこで結露が発生します。

室内では、化学物質が充満しないように、24時間換気扇を動かし続けないと安全に暮らせない、そんな暮らしが、日本の一般的な住まいづくりの現状なのです。

こうした実態を多くの人に知ってもらうため、エコ建築考房では、自然素材のよさを数値化する取り組みをしています。

エコ建築考房が施工した化学素材をいっさい使わない住宅

近畿大学医学部准教授の東賢一先生との共同研究に取り組み、本社ショールーム内に実験室を設け、室内環境と居住者の健康状態の感じ方を調査し、公開しているのです。

専門家の監修のもと、構造や素材の実験など、さまざまな取り組みも行っています。家づくりの基本は耐震等級3で、耐震実験なども公開し、わかりやすく消費者に伝える努力を続けています。

◆地域ネットワークとのつながり

同社は2014年、イオンモールにて3日間、家づくり体験フェスを開催しました。これを皮切りに、本社ショールームを利用して、定期的に、消費者、地域の工務店とお店、住まいと暮らしのプロたちが集まる「チルチンびとマーケット」や「木暮らし市場」を開催しています。

オーガニック素材を生かした優しい味わいの食材や、食品。お菓子やパンなど、体にも心にもやさしいお店が並ぶ「木暮らし市場」は地元の方に好評で、1日およそ1000人が来場する盛況ぶりです。

現在ではイベントも年間70日開催、地域の人々とつながり、文化的な情報発信を行っています。住まいだけでなく暮らしの提案にも力を入れ始めたところで、一宮市の衣食住関連の企業と連携し、全く新しいサステナブルな暮らしの実現をめざし プロジェクトを立ち上げるところです。

「住」からスタートし、地域のチームで衣食住のライフスタイルを提案・訴求していく――エコ建築考房はこうした活動によって、地域社会への貢献にも努めているのです。

社会をもっとよくする取り組みにも積極的です。一宮警察署と協力して、「一宮発！家を守ろうプロジェクト」を立ち上げており、その活動の一環として2018年から「家を守ろう川柳」を募集しているそうです。年々応募者数も増え続け、新聞掲載や市長表敬訪問、警察や防犯CSR事務局による表彰もいただくなど、多方面から注目を集めています。

またサステナビリティ推進の一環として、認証材普及を通じた森林保全にも積極的に取り組んでいます。環境に配慮した森林から採れる木材「FSC認定木材」の普及のため2019年12月、産地である岐阜県東白川村と連携協定を結びました。これも、地域や企業にとって、持続可能な経済活動につながることとして注目されています。

◆めざすは日本で唯一の工務店

エコ建築考房の目標は、「めざそう　日本一社員が幸せな工務店」です。

制度面の充実など人を大切にする経営を実践しており、いい社風をつくり上げる努力を続けています。

エコ建築考房のスタッフには、同社で自宅を建てたことがきっかけで入社した社員が10名以上います。その社員たちは、住み心地アドバイザーとして、実際の住み心地をお客様に話し、家づくりの幸せをお伝えしているそうです。

「いい家づくりを通して、企業としてさらに成長していきたい。その結果、多くのお客様から『家に入った時の空気が気持ちいい』と言われたい。そして家が建った5年後も、10年後も、その先も、末永く健やかに暮らしていただきたい」

この喜多茂樹社長の言葉が、同社の企業としての姿勢をすべて物語っているといえるでしょう。同社は、チルチンびとの暮らしの実現を理想に掲げ、健やかに暮らしていただくために日本で唯一の工務店をめざしているのです。

こうした理念に基づいて成長を続ける同社の住宅は、決して安価ではありません。

家へのこだわりが強い人に対しては、主要ハウスメーカーと同等価格で、最高の家を提案しているからです。

値引きはしません。お客様から値段の交渉があった場合はお断りしています。値段を下げるためには、建材等の品質を落とさなければなりません。最高の建材を使った住宅をつくるためには、値引きはできないのです。

他社との相見積もりを取るお客様も、基本的にはお断りしています。提案型プロダクトに徹底しているからです。

非価格経営の、典型的な成功実例といえるでしょう。

今後も、「五方よし経営」を実践し、ますますエコ建築考房のファンを増やしていけば、自ずと企業は成長していくはずです。

現社長で2代目の喜多さんは、高間さんの娘婿にあたります。2017年から経営を引き継ぎ、先代の想いを大切にしながら、経営の陣頭指揮をとっています。若い喜多社長の今後が楽しみです。

差別化②

突出した技術レベルと適正規模志向で非価格経営を貫く

株式会社清川メッキ工業

（メッキ加工／福井県福井市）

決して「できない」とは言わず、さまざまな難題にチャレンジし続ける清川メッキ工業。他社にはまず真似できない技術レベルをもつ課題解決型のメッキ業者である。営業部隊をもたず、売上目標を前面に出さない、そして急成長も指向しない身の丈経営で、非価格競争化を進めている。

◆営業部隊のいない会社

福井県福井市にある清川メッキ工業は、1963年に設立された業歴57年、従業員300名の会社です。

その特徴は何といっても、売上はあくまで結果だという経営姿勢です。売ることを目的とした営業部隊をもたず、売上を目標とした行動は要求されません。売ることを第一にしてしまえば他社との仕事の奪い合いになり、他社に迷惑をかけながら闘う、苦しい価格競争に巻き込まれてしまいます。創業者の現会長の時代から、こうしたことをよしとはしてきませんでした。

かつてのバブルの時代には、特にこちらから働きかけていないのに、どんどん案件が舞い込みました。同社の技術水準は高く、そのおかげで営業部隊をもたなくても十分やっていける体制となっていたのです。

バブル後は受注が低迷しましたが、決してその経営姿勢を崩すことなく、価格による受注活動には走りませんでした。代わりに注力したのは、次の展開に向けての技術蓄積です。

そうした中、たまたま出展した展示会でたくさんの相談が寄せられます。それらに応える形で、数多くの新たな受注を獲得することができました。さらに海外での展示会や講演会、ＨＰその他のチャンネルを充実させながら、いただいたいろいろな課題を解決してい

清川メッキ工業の本社玄関

く中で、有望な案件をものにする現在のスタイルが完成したのです。

今では年間に相談1000件、そのうち有料試作に至るもの600件、そして量産案件となるもの40件、量産が5年継続するもの3件となっています。

清川メッキ工業は、売上でなく相談件数、試作件数、量産へ移行する件数を目標としています。不良率などの品質や生産性向上の目標も加え、これらの目標に向けて努力することが、結果として売上が上がり、利益が確保される仕組みになっているのです。

ただ、相談件数が多くなりすぎると健全な経営ができなくなるため、件数の上限もコントロールしています。このように、相談から量産に至る流れをきちんとつくっていることが、非価格競争を実現する課題解決型の経営を可能にしているのです。

また、同社はゆるやかな成長をめざし、急拡大を望まないことも特徴です。急拡大による社内の混乱や品質問題を避けたいという思いからです。

急な拡大は避けているので、会社組織は必要以上に大きくなっていません。だから、景気変動による受注減の際、雇用を守るための価格競争に巻き込まれる、ということもなく今日に至っています。海外進出も、「地元に貢献する」という創業者（現会長）の意向もあって行わず、現在工場は福井市のみです。このように、拡大志向でない身の丈に合った経営が非価格競争を実現するための強みとなっています。

◆突出した技術レベルを維持

清川メッキ工業は「できないと言わない、まずやってみる」の企業文化で、これまでお客様から寄せられる難題に挑んできました。その結果、他社ではなかなか真似できない技術レベルに至っています。電子部品や半導体部品、近年では医療用部品からエネルギー産業関連素材に至るまで、数多くの案件をものにしてきました。

ナノメッキと呼ばれる超微小薄膜のメッキ技術は特筆すべきものであり、特に小さくてむずかしいものに注力することを可能としました。小さい商品を扱うことで、輸送の面からも、福井から全国相手に取引がしやすい状態を実現しています。

仕事で関係する人の大半は課題に悩む技術者で、同社の提供するメッキ技術の真の価値を理解した上でお付き合いしていただけるのも強みです。そうした人々に、さらに機能を拡張したメッキを提案して、お互いにメリットのある取引を実現しています。

これまでの経験から蓄積された豊富なデータベースも大切な財産となっています。相談を通じてやってきた案件は、たとえものにならなくても、解決をめざす過程で技術的な知見として蓄えられ、次のチャンスを待つことになります。

これまでにも、全く関係のない案件で得られた経験が別の分野で役立つことが数多くありました。例として、水を通さず弾く撥水メッキの研究を通じて得られた技術や経験は、最初は家電に使われ、次に携帯に使われ、最後には医療器具に使われるようになりました。次から次へと用途が発見されて量産案件となっています。

また、「めっきクリニック」と呼ばれる、メッキの分析部門をもっていることも強みです。分析業務を通じてメッキ業界の現状と課題に関する知見を獲得でき、またお客様個別の技術課題もわかることから、次の提案につながるケースも数多く出てきています。分析用設備への投資も積極的に行っており、今では分析事業が営業活動の流れのひとつに位置づけられるまでになっています。

◆オンリーワンでなくナンバーワンに

同社のお客様は、技術の最先端をいく、移り変わりが激しい業界です。価格は必ず下がっていきますし、代替可能な新技術の脅威、より価格の安い会社への転注の脅威も常にあります。ただ、最も大きな脅威は、お客様自身のメッキラインへの取込みです。

お客様や他社に追いつかれてしまうとその仕事はなくなってしまうので、同社は常に改善活動を行い、年間5000件もの改善提案をもとに地道なコスト改善、品質向上に努め、常に先を行くことをめざしています。

「お客様に選ばれるには、オンリーワンでなくナンバーワンでなければならない」と同社の清川専務は言います。

お客様は、常に比較検討しているので、お客様にとってどこよりも優秀であるナンバーワンであることが大切なのです。将来必ずやってくるライバルを前にしても、ナンバーワンであり続けることをめざし、改善活動を続けています。

社内の改善活動を支えるのは、もちろん社員です。

同社では、全員参加型経営のもと、会社の方針を働く人の行動目標に落とし込む流れを徹底してつくり上げているだけでなく、それぞれの人の人生計画、目標を会社の動きに重ねていく努力も常に続けています。

例えば既婚の女性社員のケースであれば、子どもの出産時期から会社に復帰するタイミングの家族計画まで周囲の皆さんと共有し、人生の過程を職場で理解し、応援するような仕組みをつくっているのです。これらの活動を通じて組織は強固なものとなり、徹底した改善活動の原動力となっています。

◆初期・成長期・成熟期のバランスをとる

「われわれは、下りのエスカレーターを昇っている状態です。下るスピード以上で昇っていかないと、どんどん下がっていくんです」と清川専務は言います。

移り変わりが激しい業界で、常に次の案件を発掘しものにしていかなければ、ビジネスとしての安定はあり得ません。そのためにも、常に新しい相談案件をこなしている状態をつくる必要があります。

特に、これまでに取引のなかった顧客からの相談案件には注意を払います。そこには、今までになかった発想や新しい用途・市場と出会う機会があるからです。だから新規のお客様からの相談には力を入れており、現在は全体の7〜8割にも上ります。

それらの相談案件の分析の結果から導き出されたテーマや、特に重要と判断されるテーマには、積極的なチャレンジを行っています。中には10年間かけて大型ラインを設けて試作を繰り返した結果、会社を支える大きなビジネスになった仕事もあります。

同社にとって重要なのは、相談から試作・量産への流れをしっかり維持、コントロールすることです。初期段階のもの、成長段階のもの、成熟期のもの、それら各案件をバランスよくもち続けることにより、経営の安定につながるからです。その結果、価格競争のスパイラルに陥らずにやっていける経営体質、非価格競争化がここに実現されています。

ちなみに、清川メッキ工業が設立した、植物工場を運営する株式会社キヨカワも大変ユニークな存在です。同社では、もともとメッキ工場として蓄えたメッキ液の分析技術や品質管理技術を応用して、植物工場を運営しているのです。

法人設立にあたっては、特に競合せず長くやっていける分野として、ハーブを選びました。親会社のメッキ技術をベースにつくられるバジルを中心としたハーブは栄養価が高く、また露地ものと比べてはるかに日もちがします。人気の高付加価値品として取引されており、県内外の個人レストランを中心に販売されています。また、地元の食品加工業とコラボし、バジル塩やお菓子など幅広い商品を開発しており、今後が期待されます。

株式会社キヨカワでは、高齢者・障がい者雇用も推進しています。現在高齢者3名、障がい者2名を雇用しており、ここでの活動が刺激となって、親会社である清川メッキ工業の障がい者雇用がさらに進むなど、よい循環となっているのです。

差別化③

「茶師十段」のスゴ技と絶品の高級茶が全国のファンを惹きつける

有限会社しもきた茶苑大山

（日本茶販売・喫茶／東京都世田谷区）

日本茶の文化を伝え続けたい――先代の思いから始めた喫茶部門で、かき氷という商品にお茶の魅力を乗せて商品化した、しもきた茶苑大山の現社長。「茶師十段」の資格取得で自らをブランド化、年中行列ができるお茶屋のかき氷とテイクアウトのラテ展開を併用し、日本茶による地域の活性化、復興支援に力を注いでいる。

◆お茶の文化を伝える試みが全国的な評判に

東京・下北沢は、個性的な古着屋、飲食店が並ぶ若者の街として有名です。しもきた茶苑大山は、1970年にこの地で開業しました。同社が法人化したのは、創業から23年たった1993年のことです。

当時すでに、日本茶の需要は、年々減少傾向にありました。2004年の国内生産量は10万7700t、国内消費量11万6823tであったのに対し、2019年の国内生産量は8万982t、国内消費量8万1700tです。

東京都茶協同組合に加盟するお茶屋は、1974年の1000軒から現在の186軒（2020年1月31日現在）にまで激減しています。「お茶する」といえば今ではコーヒーが主流で、紅茶、ハーブティーなどの多様な嗜好品も流通するようになり、日本茶文化は年々衰退しており、ペットボトルのお茶市場に助けられているのが現状なのです。

こうした環境の中、大山景源さんは当初から、お茶屋で事業を継続していくのは厳しいと考えていました。だから、息子である現社長の泰成さんから「後を継ぎたい」という申し出があっても、「他で修業して、自分で稼ぐことができなければ継承はむずかしい」と伝えたのです。

そこで泰成さんは、大学卒業後2年間を新潟で、さらに三重で1年半修業。この修業中

全国でブームとなった
「茶師十段の抹茶ラテ」

に、「お茶の需要が減る中、いまの業態（お茶の小売り）のままでお茶屋を継続していくのは無理だ。個性あるお茶をつくらなければ価格競争に巻き込まれてしまう」と考えました。さらに、「直接農家で買い付け、小ロットで仕込んで、レアな物を売ることが大切だ」と思い至ります。

そのためには、「自分で仕入れる技術」と「高品質なものを目利きする力」が必須だと考えた泰成さんは、日本一の鑑定士になることで自分自身をブランド化する行動に出ました。２００３年に弟の拓朗さんが、２００７年には泰成さん自身が、「茶師十段」を取得するのです。

「茶師十段」とは、地区予選で入賞した後、全国茶審査技術競技大会で75%以上の正解率を上げて六段、その後80%以上の正解率を４回出すことで、ようやく十段という段位が認められる狭き門です。

２０２０年現在、茶師十段の認定者は全国で15人、そのうち２人が大山さん兄弟ということもあり、２人は最良のライバルという存在となっています。２代目・大山泰成さんと弟の大山拓朗さんは、「茶師十段」や、「日本茶インストラクター」の資格をもつ匠なのです。

◆1食1150円のかき氷が大人気に

お茶の文化を伝えるために、先代の父・景源さんが長年の夢であった喫茶部門を開業したのは、拓朗さんが「茶師十段」を取得した２００３年のことでした。しかし喫茶部門は、日本茶だけではなかなか集客できず、苦労していました。

その頃、近隣でかき氷店を経営していた知人から、閉店した店舗の復活を託されます。それが、かき氷づくりのきっかけです。

職人気質の泰成さんは、自分がおいしいと思うかき氷ができるまで、何度も何度も試行錯誤を繰り返しました。お茶と同様に高品質なかき氷を提供し続けなければ、この大量生産・大量消費の時代、他店舗との競争に負けて、結局は衰退してしまうのではないかと考えていたからです。

努力の末、泰成さんは２００６年に「お茶屋がつくるかき氷」を考案して販売します。

すると、かき氷マニアが「今年食べたかき氷で一番おいしい店」「しもきた茶苑大山のかき氷、やばい」とブログで発信。その言葉が口コミで広まり、開店前に行列ができるようになりました。

しかし、どんなに売れてもクオリティが維持できない商品は販売しないのが同社のポリシーです。よりよい商品を提供するため、あえて提供の上限を1日130食から80食に減らします。

2009年にはテレビ番組でも紹介され、全国各地から、このかき氷を食べるためだけに来店するお客様もいるほど。かき氷シーズンには開店3時間前に整理券を配布しなければならないほどの、「行列ができる日本茶かき氷」として有名になりました。

さらに、2013年には、何と20g1200円の抹茶を、エスプーマシロップにふんだんに使用することで、他店では真似できないかき氷を生み出すことに成功しました。1食1150円の抹茶のかき氷、「お茶屋のこだわりかき氷」です。この抹茶をムース状にしたかき氷は、「元祖エスプーマかき氷」としてかき氷マニアに評され、今では全国でブームとなっています。

また、バレンタインデーに向けては高品質なチョコレートを使用したかき氷（1200円）も期間限定で販売。「冬の一番寒い時期にかき氷なんて」と思う人もいるかもしれませんが、こちらもすぐに完売してしまうほどの人気となったのです。

もちろん、お茶屋の差別化も徹底しました。

個人商店が利益を出すには、薄利多売ではなく高品質で小さく売り、「この店だから買う」というファンをつくる必要があります。泰成さんは、他店では手に入らない「高品質なお茶」を十分な利益を得て販売することが大切だと確信。そのために、東京都優良茶品評会最高位の農林水産大臣賞受賞茶を、5回にわたって入札仕入れで落札。「100g1万円」として売り出したお茶は、贈答用の商品として認知されるようになりました。

店頭に並ぶ30種類のお茶のうち、特に高品質な商品は「秀逸『おおやま』」の玉露（100g・1万5000円）、煎茶（100g・1万円）などで、全国から注文が入り、毎月定期的に購入する地方のお客様もいます。その他、茶師十段の匠が毎年変わる作柄を厳選してブレンドする緑茶を、兄弟の名前をつけて、「茶師十段之茶　泰成」「茶師十段之茶　拓朗」（各100g・1500円）として売り出しています。

◆お茶の文化を伝え続ける

同社は、お茶の文化を伝え続けるために、さまざまな取り組みを進めています。

一般に、お茶屋のお客様は60代、70代の女性が中心で、若い世代はなかなか増えません。

しかし、全国からかき氷ファンが訪れていた同社は、かき氷を通じてお茶の文化を広めることができるのではないかと考え、「茶師十段のかき氷」としてブランド化をめざしました。

こうした同社の商品は、主に20代の女性を中心とする世代から、最近では女子高生や女子中学生へも客層が広がりつつあります。これらの若い世代が「お茶」に魅力を感じ、日本茶を文化として認識してくれれば、必ず次世代につなぐことができます。喫茶を工夫してイノベーションを起こすことで、お茶の販売にもつながります。

一方で同社は、20代、30代の日本茶マニアや、将来カフェ開業をめざす人、日本茶インストラクターの資格をもっている若者が集まるような工夫を始めます。毎月第2水曜日に、「茶師十段」茶会や日本茶鑑定レッスンなどを開催しており、その結果、徐々にお茶のファンが増えてきました。お茶に興味がある人や、この業界で仕事をしたい人を取り込みながら、ニューノーマルなお茶屋としてあり続けることもまた、日本茶の衰退を食い止めるひとつの方法といえるでしょう。

さらに泰成さんは、今後は、日本茶業界以外のバリスタやバーテンダーなどのサービスのプロフェッショナルに対しても、日本茶の魅力を発信していくことが必要だと感じています。お茶以外の業界のプロたちと文化として寄り添い、嗜好品としてお互いに長く愛され続けるよう、連携していきたいと考えているのです。

泰成さんが考えているのは、お茶の文化の継承だけではありません。もともと下北沢は、明治時代にはお茶の産地でした。お茶をキーワードに現在進行中の再開発に伴うまちづくりへ提案をしたり、東日本大震災から下北沢の商店街と関係が深い岩手県陸前高田市でお茶（気仙茶）栽培の再生を支援するなど、地域貢献活動にも力を注ぎ、地域に必要とされるための取り組みも始めています。

そんな中で起こったのが、新型コロナウィルスの流行でした。毎日行列ができ、整理券を配るような有名店になっていた、しもきた茶苑大山でしたが、お客様の安全を第一に考え、喫茶部門などを２０２０年３月27日から休業することを決断しました。

しかし、それだけで終わらないのが同社のすごいところです。業態転換助成金などを利用して従来の店舗を改装、テイクアウト用の抹茶かき氷や抹茶ラテを開発して販売。クオリティーは落とさず、ボリュームを下げることで単価の折り合いをつけ、下北沢在住の外国人や中高生をターゲット層に加えて展開しています。

逆境の新型コロナ禍すら逆手にとってお茶文化普及のチャンスに変えてしまう、同社の次の一手に期待が高まります。

差別化④

他店の4倍の価格で売られるキャベツに行列ができる

株式会社まるおか

（スーパーマーケット／群馬県高崎市）

大量仕入れによる販売価格の競争が激化する食品小売業界において、真の商品価値を追求し、高い消費者満足度を実現しているスーパーまるおか。とりわけ食へのこだわりは筋金入りで、社長自らが生産地、生産方法、味を吟味し、納得できるもののみを販売している。生産者とのつながりはもちろん、素材を生かした料理教室を開催し、お客様とのつながりも大切にしている。

◆「おいしいものだけを売る」を本気で実践する奇跡のスーパー

群馬県のＪＲ高崎駅から車で20分ほどの郊外にある、シックな木造建ての食品スーパーが、株式会社まるおかの経営する「スーパーまるおか」です。店の広さは約１４５坪で、規模的には決して大きくはありません。隣接地にはまるおかの売り場面積の約一〇〇倍の巨大ショッピングモールが存在しており、普通に考えると、大手との熾烈な売上競争にさらされる厳しい立地条件のように思われます。

しかし、こうした心配は午前11時の開店を待ちかねたように来店されるお客様の様子で一掃されます。駐車場が県内だけでなく、埼玉や都内などから時間をかけて来店する車で一杯になるからです。

店舗入り口には、社長の丸岡守さん直筆の「まるおかは　美味しいものだけを売るお店です」のＰＯＰが掲げられています。また、店内には「テレビＣＭにダマされないで下さい　自分の舌と頭で判断」「食べものは　安さ、便利さだけで選ばないで」等、丸岡さんの思いが描かれたＰＯＰが貼られています。

その言葉どおり、同店には全国各地のおいしいものが５０００品目以上陳列されています。しかも、一商品たりともＮＢ（ナショナルブランド）商品がありません。初めて目にする商品であふれているのですが、しかしこれは、単にユニークな品揃えをめざしている

スーパーまるおかの店内

からではないのです。

前述した巨大ショッピングモールや他の同業他社の多くは、テレビCMなどで有名な大手食品・飲料品メーカーの商品を、より安く、より多く売ることを競っています。しかし、スーパーまるおかでは、こうした商品をいっさい取り扱っていません。

商品の知名度とおいしさには相関関係はないとの信念のもと、価格は多少高くてもおいしさには妥協しなかった結果、非価格競争経営を貫く食品スーパーとしてお客様があふれるお店になりました。

しかも同社の客単価は約4000円と、同業他社の約2倍（スーパーマーケット年次統計調査報告書）もあり、売上高は年間10億円となっています。

◆仕入にとことんこだわる

同社は「良い商品」の基準をもって仕入をしています。

第一は「食味」で、幸せを感じるおいしさであること。つくる人が真面目に、ごまかすことなく、世の役に立とうと考えて努めた結果生まれた味であることです。

第二は「原料と製造方法」で、本来の製造法である手づくりに近いもの。あるいはその土地柄や風土から生まれる希少性の高いものや、物語性のあるもの。国産か輸入品であるかという区別はありません。

第三は「添加物や農薬の使用の回避」です。

これら3つすべての基準に合格したものを「よい食品」として仕入れ、「安くて売れるから仕入れる」ではなく、「よいものだから仕入れる」を貫いているのです。

例えば、通常のパイナップルは完熟前に収穫し、流通過程を経て店頭に並ぶ頃に食べごろを迎えますが、同社では畑で完熟させた、よりジューシーな味わいのパイナップルを石垣島から仕入れています。完熟した果実は輸送中に潰れたり、お客様にも早めに買っていただかないと腐ってしまうリスクがありますが、生産者の農家も同社の商品に対する思いに共感し、畑で完熟をしてくれています。

全国各地へ、社長や仕入担当が自ら足を運ぶのが、同社の仕入れの基本です。生産現場や技術的な部分とともに、生産者の思いも確認し、何よりもおいしくて健康によいものを仕入れています。その結果、日本で唯一の非加熱無殺菌牛乳（720㎖・1700円）や、冬の一時期、他店ではキャベツ一玉100円程度で販売している時に、甘くてシャキシャキしたキャベツが3〜4倍の値段で並びます。価格だけで考えるとびっくりしますが、いずれも大人気商品となっています。

このような商品はほんの一例であり、同社の商品のすべてに、手間暇をかけた愛情ある仕入の姿勢が表れた商品説明のPOPがつけられ、お客様を魅了しています。

◆店を、思いを実現する場に

同社の前身は、丸岡さんの実父が1948年に、旧箕輪町（現・高崎市箕郷町）で開業した20坪ほどの小さな八百屋「まるおか商店」です。丸岡さんは東京の大学でマーケティングを学んだ後、両親への感謝の気持ちから家業を継ぐ覚悟を固めます。

実父と高崎の市場へ仕入れに行くようになった頃、丸岡さんは父からの教えに疑問を抱きました。それは「商品に惚れ込むな」というものでした。

当時は、多くの同業他社が行っている薄利多売商法であったため、「よい商品に惚れ込んでしまうと収支のバランスが取れなくなるから」という理由でした。丸岡さんは、商いとは「良品である」、「これを食べていただきたい」、「これを知っていただきたい」と感じたものを仕入れて提供するものと考えていたので、商売の厳しい現実を突きつけられた思いだったそうです。

23歳の時に、「まるおか商店」をスーパーマーケットへと業態転換することになり、売り場面積も50坪に拡大しました。この後、同業者の先輩経営者との出会いや、アメリカへの視察研修で、店舗の規模こそ違うものの、さまざまな個性的な方法で経営している様子を目の当たりにし、商売に対して自分自身で限界をつくってはいけない、と気づいたということです。

ロサンゼルスの高級スーパーマーケットでも、仕入れ担当者は誰よりも早くに市場に行き、その日の一番よい商品、お客様に一番提供したい商品を仕入れています。よいものは自分の足と目と味覚で確認して仕入れるという、丸岡さんが理想としていた仕入姿勢が正しいことを確信しました。

そして、店を、単に物を売って商売をする場ではなく、「お客様においしいものを食べて幸せになってほしい、食を通して健康になってほしい」という思いを実現する場に変えようと動き始めたのです。

◆時間をかけた信念の普及

最初に取り組んだのは、一般的なブロイラーの鶏肉を止めて、飼育環境に優れ、品質も安定していて、しかもおいしい岩手のブランド「南部どり」にすべて切り替えることでした。しかし、価格はブロイラーの約2倍となるため、現場担当者から「高すぎて売れない」と猛反対されました。

売上を確保するため、ブロイラーと併売する提案もありましたが、「よいものしか仕入れない」という信念を貫き、南部どりのみを取り扱うようにしました。

案の定、「こんな高い鶏肉しかないの？　今までどおりの普通の鶏肉でよいのに……」とお客様に言われる日が続き、仕入れた鶏肉を廃棄処分することも少なくありませんでした。

しかし、そのような時でも、お客様においしいものを食べてもらいたいとの思いで、「だまされたと思って一度食べてみてください」と店頭試食を繰り返し、頭を下げて買っていただく毎日です。そのうちに徐々に買ってくださるお客様が増え、従業員も理解してくれるようになりました。南部どりが定着するまで、実に2年を費やしました。

このように、自ら納得した商品を時間をかけて少しずつ仕入れるようになり、こだわりの商品が増えていきました。結果として、ナショナルブランドがひとつもない現在の品揃えになったのです。

要した期間は20年以上。売りたい商品を揃えて、売れる土壌をお客様と一緒に着実につくり上げたのです。

◆規模拡大を行わず、脱効率化を貫く

同社の成功要因は、大手スーパーとは真逆ともいえる、丸岡さん自らの経営信念を貫いた姿勢にあるといっても過言ではありません。

第一に、品切れを恐れず、少量でも仕入れてきたことです。

一般のスーパーマーケットでは、年間の品揃えを安定させ、いつでも同じものを手に入れる商いが求められますが、同社は旬の野菜や果物は、その時季だけしか手に入らなくてもよしとします。

また、おいしいものはピラミッドの頂点にあり、本来生産量も少ないものと考えています。少量生産ですから、欠品したら次の入荷まで切らすのは仕方ありません。知名度がなくても、数量が少なくても、生産状況が安定していなくても、おいしいものに出会ったらまずは仕入れ、売る努力を続けています。さらに、その付加価値を提供し続け、従業員やお客様に対する目配り・気配りを維持するために、店舗も増やしません。

第二に、時間をかけて生産者との信頼関係を築いていることです。

大手スーパーは、短時間に結果を出すことが求められます。同社では、商品のおいしさとその理由を認知してもらうまでには時間がかかることを理解しています。だから試食品をどんどん提供し、味を知ってもらう手間やコストを惜しみません。〝売れる〟商品に少しずつ育てていくことで、生産者との長い付き合いを可能にしているのです。

第三に、働きやすい職場づくりを行っていることです。

従業員の幸せを追求し、休日の確保・労働負荷軽減をはかっています。日曜日を定休日とし、お正月もしっかりと休んで5日から営業します。営業時間は11時～20時とし、商品陳列がきちんと整ったところで開店しています。

従業員は、もともとお客様だった人も多いため商品への興味も高く、お客様の気持ちを理解してコミュニケーションを取ることができます。商品に誇りをもってお客様に薦めるので、お客様の信頼がますます高くなるという好循環も生み出しています。

経営理念を学ぶ毎週の朝礼や、講師を招いたPOP研修など教育はするものの、自信をもって働く場が整えば、お客様が従業員を育ててくださると丸岡さんは言います。

◆食を通じて健康で幸せな未来を実現

新型コロナ以降、同社では顧客が増え、健康や食への安全性、身近な食事への関心の高まりを感じています。現在、店内で販売する商品のうち添加物が含まれているものは、ハムやソーセージなどの一部の商品に限られていますが、近い将来に「ゼロ」にすることを考えています。無添加の食品を提供することで、おいしいものを食べる幸せと、食べることによる健康の2つを実現することが、同社のめざす未来像です。

お客様に、食生活を改善することから健康の維持と向上をはかっていただくため、2021年には、料理教室や食育のイベント開催ができるコミュニティースペースを店舗近くにつくります。

同社は時間をかけて、自身の思いを実現できる商品仕入れと、それに共感する顧客づくりを徹底することで、価格競争をしない「まるおかブランド」を築き上げました。今後もさらに進化した、夢のスーパーマーケットになっていくことでしょう。

差別化⑤

信頼される高品質で下請からの脱却を果たす

松川電氣株式会社（電気設備工事／静岡県浜松市）

松川電氣株式会社は、社員48名、静岡県浜松市で主に電気設備工事を行っている会社である。同社は1967（昭和42）年、松川電氣工事店として初代社長の松川智さんが創業、1973（昭和48）年に松川電氣株式会社として法人化した。2003（平成15）年に、現社長の小澤邦比呂氏が社長に就任している。

電気設備工事は、仕事のほとんどがゼネコンの下請け工事。他社より安くできなければ仕事を獲得することができないが、安すぎると利益が出ないので、赤字覚悟で仕事を獲得し、手形での支払いでお金に苦労する。かつては松川電氣もそうした苦労の連続だった。

◆小さくても超一流になろう

創業者の松川智さんは長野県松川町で生まれ、手に職をつけるため愛知県名古屋市で電気工事の修業をしていました。名古屋でも有名な技術者で、本田技研の浜松工場の建設と同時に声がかかり、浜松に引っ越してきます。

智さんは、設計から施工まで電気工事をトータルでできる上、仕事は早く、材料の取り扱いもうまくて無駄がありません。でき上がりはとても綺麗で、技術力の高さは本当にすごいものでした。

松川さんは妥協をいっさい許しませんでした。中途半端な仕事であれば、完成していても一からやり直しを命じ、100万円の仕事でも、うまくいかなければ、150万円かかっても納得いくまでしっかりやらせる。「金額ではない。大事なのはお客様を裏切らないことだ。納得できる仕事をするように」と、社員に言い聞かせていました。高い技術力とていねいな仕事から、松川電氣の仕事が途切れることはありませんでした。

電気工事は、表に見えていない施工がほとんどです。壁の裏、天井の裏、コンセントの裏、表に出ているのはほんの一部分しかありません。

見えなければ手を抜いてしまえばいい……と思う人がいるかもしれません。しかし、見えないからこそ、きっちりやるのが松川流です。この松川流を、現社長の小澤さんはしっ

外国人学校の子どもたちから感謝状をいただく

かりと受け継ぎました。

松川電氣の仕事はほとんど芸術といってもいいくらいで、電球の向きまでも揃えるこだわりぶりです。まっすぐなところはまっすぐ、カーブしているところはしなやかにカーブさせる、見えないところだからこそきちっとやる、目に見えるところが完璧であることはいうまでもありません。

松川電氣は毎年、数々の賞を受賞しています。2018（平成30）年、浜松市から優良工事施工業者表彰・建設工事優秀技術者表彰。2019（平成31）年、日本下水道事業団から優良工事施工業者表彰。2020年も浜松市・袋井市から表彰されています。

松川電氣は電気設備工事会社でありながら、各種プラント設備（浄化センター・最終処分場）

や高速道路（情報表示板・ウェブカメラ）の仕事も多く請け負っています。

高い技術力、お客様を裏切らないという信念は創業者松川さんから受け継がれ、松川電氣の社風になっています。

◆「価格勝負」からの脱却を決心する

小澤さんは20歳で松川電氣に入社し、現場、設計、管理を経験し、時代が昭和から平成に変わる頃、専務兼営業を任されていました。大きな仕事を獲得するため、社員数名に徹夜で見積もりを作成するよう指示を出したのはその頃です。

昔のことなので、電卓での計算です。細かい見積もりを100枚以上作成し、翌日発注先に持参しました。ゼネコンの下請け工事は金額勝負です。

先方の担当者は、社員が徹夜で作成した見積もりの詳細には目を通さないまま、金額を確認し「他社はもっと安く提示しているから、松川さんも4000万円安くしてくれないか」と言います。何と、提示した金額の半値です。他社の見積もりは金額が書かれた用紙が10枚ほど。設計書の出来は明らかに違っていました。

その価格では赤字なので、小澤さんはその仕事を断り、会社に帰りました。「一生懸命つくってくれた社員たちに申し訳ない」「下請けは価格のみで判断され、品質を評価してもらえない」「安さだけの仕事は手を抜くようになり、やりがいがわからなくなってしまう」「このまま下請けで価格競争をしていたら会社はやっていけなくなる」そう思った小澤さんはこれを機に、下請けからの脱却を決意しました。

下請けを脱却するため、まずは、自分たちを売り込むことからスタートしました。

小さな工事でも真剣に、誠実に、精一杯取り組みました。電気工事を通して、自分たちの仕事に向き合う姿勢や仕事ぶりを見ていただくことで、下請けではなく、分離発注（依頼主から直接発注をいただくこと）が増え、大手の企業からも指名で工事を受注できるようになったのです。その結果、お客様に正直な松川流の施工ができるようになりました。

分離発注は発注主から直接依頼を受けるため、ゼネコンと平等の立ち位置で発言ができるようになります。お客様からは見えない天井裏の施工不備、天井の歪みや壁の凹凸など、他の施工業者の仕事に不備があれば、お客様にお伝えすることもできます。

◆豊かな「人間力」をもった人を育てる

松川電氣の経営理念は「自らの人間力をつけ　真の幸福と楽しさを追求し　夢・希望を後世に伝える」です。小澤さんは、子どもたちが安心して夢と希望を託せる社会を築くためには企業人としてどうあるべきかを考えました。そしてたどり着いたのが、豊かな「人間力」をもった人を育てるということでした。
豊かな人間力を育むため、松川電氣には「自分づくり十一誓」があります。
一、挨拶は、相手の前まで行き、目を見て元気よく行おう
二、人に不快感を与えない、身だしなみや服装を心掛けよう
三、姿勢を正そう
四、まず整理整頓をしよう
五、「できません」「不可能です」「無理です」は禁句
六、嫌なことを誰よりも率先してやろう
七、どんなときにも言い訳をしないように
八、締め切りや約束は絶対に守ろう
九、会社の経費削減に気を遣おう
十、絶えず会社への貢献度を考えて行動しよう
十一、何事にも誠実に対応しよう
自分づくりをすると技術力が上がります。そして発言が変わります。そして行動が変わる、そして人生が変わる。小澤さんはそう言います。

自分づくり十一誓は誰もが心がければできることですが、むずかしいのは、それを続け

ることです。松川電氣の社員たちは皆、「誠実にこつこつやる人」です。これこそが同社の強みであり、他社には真似のできない底力となっています。

◆地域社会への恩返しと未来の子どもたちのために

松川電氣は長年にわたり地域貢献活動を実践しています。

活動事例は30項目以上、もちろん社会貢献活動は出勤扱いです。街頭の募金活動、清掃活動、外国人学校食料・衣料支援・優秀生徒応援奨学金制度、小規模農園（社員の子どもたちや児童養護施設・障がい者施設・外国人学校の子どもたち参加の芋掘りイベント）、盲導犬・動物殺処分ゼロ運動等動物支援、自治会の防犯灯清掃・点検、児童養護学校へのクリスマスプレゼントなど、多岐にわたる支援を行っています。

地域貢献活動を始めたばかりの頃は「売名行為だ」と言われたこともありましたが、やり続けることで活動の輪が広がり、協力企業も増えてきています。経営理念にあるように、未来の子どもたちに「世の中捨てたもんじゃない、頑張っていればきっといいことがある」そんなメッセージを送り続けています。

こうした松川電氣の入社試験の最終課題は「親の足を洗う」こと、そしてその感想を書くことです。ここでひとりの感想文を紹介します。

〔お母さんの足を洗って〕

お母さんの足を洗うのは何年ぶりだろうか。まだ幼い頃、一緒にお風呂に入っていた頃は洗った記憶があるけど、今は足を見るということもない。

お母さんに宿題として足を洗うということを伝えたら、お母さんは、少したためらってこう言いました。

「あんまり見せられる足ではないけど頑張って洗ってね」と言いました。

早速、洗い場へ行き裸足のお母さんの足を見たとき、私は少し驚いてしまいました。冬でもないのにカサカサと乾燥していてヒビも入っている。右足には、まめか魚の目のようなものが2つあり、とても痛々しかった。毎日、仕事や家事に忙しくて足までケアできていないんだなっと思いました。

ヒビが入っているため、あまり石けんをつけず優しく洗いました。手が痛く感じるほど乾燥していました。親指は太く、小指は小さく、爪は四角くとても綺麗な足とも言えませんが毎日頑張っている足をていねいに洗いました。石けんを流しタオルで拭く時も、こすらないように優しく拭きました。最後の仕上げにクリームを足全体にていねいに塗ってやり終わりました。

洗い終わったお母さんの顔は、いつも以上に綺麗でした。そしてありがとうと言ってくれましたが、お礼を言うのは、私です。私のためにいろいろと動いてくれたり心配をさせてしまったり、生まれてからたくさんの迷惑をかけてしまいましたが、私が働くようになって給料をもらうようになったら、保湿効果のあるクリームを買ってあげようと思いました。

今まで私はお母さんの足を洗うということは考えたことなんてありませんでしたが、洗ってみた結果、日々の苦労を感じ、私の胸の中が感謝の気持ちで溢れて、いままでで一番素直のありがとうが言えました。

この宿題を出して頂いた社長さんにもとても感謝しています。

差別化⑥

代々の技術を継承してつくる包丁が世界で評判を呼ぶ

盛高鍛冶刃物株式会社

（刃物製造販売／熊本県八代市）

盛高鍛冶刃物は、刃物として鍛えるには高度な技術を要する最高の鋼を使い、さらに柄をつける部分をステンレスに、柄には腐りにくい素材を選ぶことで、切れ味がよく長く使える包丁を製造している。大量生産は頑なに拒み、伝統ある刀鍛冶の技術を全力で注ぎ込んでつくられる商品は、日本のみならず海外でも高い評価を得ている。

◆700年続いた鍛冶技術が海外にも認められる

盛髙鍛冶刃物株式会社は、鎌倉時代の永仁（1293〜1299年）の頃、福岡にある霊山・宝満山の山伏であり刀工でもあった金剛兵衛源盛髙を祖師として27代、およそ720年続く歴史ある刀鍛冶です。幕末以降、刀の製造は衰退しましたが、プロ用・家庭用の刃物の製造を続けてきました。

最盛期には50人ほどいた刀工も、現在では熊本県八代市の本社に社員7人。小規模な企業ながら、2011年9月に同社の包丁がアメリカの有力日刊紙「ウォール・ストリート・ジャーナル」で「有名シェフおすすめ包丁」として取り上げられて以来、海外からの注文が増え、現在は売上高の4割を輸出が占めています。

従来は国内向けが中心でしたが、円高やアジアなどの低価格品の攻勢もあり、価格競争から脱却して品質で勝負する「非価格競争力」で新たな活路を見いだすため、高付加価値商品を自らつくり出し、販路を先進国に求めたのです。

輸出の九割はデンマーク、カナダ、米国、ドイツ、ロシア、スイスなど十数カ所のディーラーへの卸売りで、愛用者は実に63カ国以上。主力商品である包丁は1年先まで予約待ちの状態が続いています。

同社の商品には、「見ただけではわからない」部分へのこだわりがつまっています。例えば、出来合いの複合鋼材を叩き延ばしてつくるのではなく、地鉄に鋼を割り込んで鍛接する作業（割り込み）から自家でていねいに行い、切れ味をよくしています。

主力商品の「青紙スーパーシリーズ　三徳包丁」は、最高峰の鋼「青紙スーパー」を使用しています。青紙スーパーはデリケートな鋼で温度調節が大変むずかしく、少しでも高温になるとボロボロと崩れてしまうので、熟練した職人技が必要です。このため、自家鍛接で製造された青紙スーパーの刃物は、他で見ることはほぼありません。

さらに包丁の柄の内側に入る部分はステンレスです。鉄を使用すると次第にさびが出て、柄を腐敗させてしまうからです。柄の材質には水気に強い天然木材（紫檀）を使用し、15年間、毎日使用しても腐ることはほとんどありません。どれもが「最後まで包丁を使ってほしい」という願いから生まれたこだわりです。

鍛接からすべて手作業のため、生産量は月に450丁程度。1丁が1万円台から2万円台と、一般に売られている包丁よりも2倍から3倍は高価ですが、予約してでも購入したいという注文が入り、生産が追いつかない状態です。

また、刃物製品の製造企業が直売の機能をもつケースは少なく、卸売りを中心としていますが、同社は売場の奥にある工場で1本ずつていねいに手づくりした刃物をその場で売

鍛冶の伝統を守り続ける

る、「製販一体型」という全国でも珍しい販売を行っています。

◆鍛冶職人の伝統を絶やさないという決意

27代目社長の盛高経博さんは、高校卒業と同時に陸上自衛隊に入隊。東京都新宿区の市谷駐屯地で7年間勤務した後の1997年、跡を継ぐことを決心して帰郷しました。

周囲からは「今どきもったいない、なんで安定した仕事を辞めて帰ってきたの？」と言われました。しかし経博さんが子どもの頃はバブルのまっただ中。農林業関係の役所から大量に刃物の注文が入っていました。また、祖父の盛高靖博さんは大変有名な刀匠で、祖父が造る日本刀は刀剣ブームに乗って高値で次々に売れていきます。家業を継げば十分な生活ができるだろうと簡単に考えていたのです。

しかし、鍛冶職人の見習いは給料はなし。必要な時だけ小遣いをもらう程度でした。3年ほどして、仕事が少しできるようになった頃、父親に給料を申し出ると、「借金があり、経営自体も赤字が続いている状態で給料を払う余裕がない」と言われたのです。

このような状態が続くなら、辞めようかとも思いました。しかし、「熊本県八代市に代々続く鍛冶職人は盛髙家しかない。この歴史を承継しなければ伝統は終わってしまう」と思い直し、「自分が会社を立て直す」と決心したのです。

経博さんはまず、この赤字続きを打破するには販路拡大しかないと考え、県の物産振興協会に入会してイベントに出店するという地道な営業を続けました。そうするうちに全国の百貨店「工芸職人店」への出店など、徐々に百貨店への販路が拡大していきました。同時に、インターネットでの販売を考えて、簡素なホームページもつくりました。

鍛冶刃物では伝統ある同社ですが、包丁に関しては後発でした。百貨店で生き残るためには、他にはない特徴のある商品、すなわち看板商品が必要と感じた経博さんは、「柄腐れせず衛生的で長く使える」包丁をつくろうと決心します。何度も試行錯誤を繰り返し、13年ほど前にようやく完成したのが、前述の三徳包丁です。

技術的に非常に困難でしたが、匠の技術をもつ叔父の盛髙琢象さんが根気強くいくつもの試作品をつくってくれたことで、ついに量産できる技術をつかみました。

これを主力商品にしようと考えた矢先、他社から「『柄腐れ防止』は当社が先に特許を取っているので、他には売らせない」と言われてしまいました。しかし実はその会社は特許申請中で、取得は完成していませんでした。

経博さんは弁護士の相談会に通い、自力で「柄腐れ防止包丁」の実用新案を取得。「青紙スーパー鋼」と「柄腐れ防止」という2つの特徴をもつこの包丁により、同社は世界に認められることになりました。

◆百貨店販売だけでなく海外へと大きな飛躍

百貨店への出店が増えていくうち、叔父と2人だけでは生産数が間に合わなくなる可能性が出てきました。また、都心の百貨店では海外からの観光客が購入することが多く、日本以外にも需要はあるという手応えもつかんでいました。

そこで経博さんは、弟の盛髙照博さんに声をかけます。照博さんは当時、大手電機メーカーの技術者で、安定した仕事に就いていました。呼び戻すのは正直悩みましたが、やはり手先が器用で思考力も優れた照博さんに力を貸してほしいと頼みました。

海外に販路の可能性を見いだしたものの、ホームページの英訳や海外への売り込みはまだできずにいました。その時、偶然にも、現副社長である妻の明子さんと出会います。12年ほど前のことです。

明子さんは英会話を勉強していたため、さっそくホームページの英訳を依頼。最初こそ、海外のお客様に商品について質問された時に見てもらうためのものでしたが、海外への情報発信も必要だと考えて２００７年にホームページをリニューアル。するとハワイの愛好家の目にとまり、その人に後押しされて、関税や決済、輸出方法などを試行錯誤した上で、海外への販売をスタートさせます。

１丁の注文でもお客様の要望に応じる小回りのよさや、実際に使用した人たちのクチコミ、海外での和食ブームなどもあり、徐々に海外からの注文数が増えていきました。

すでに大手メーカーの大量生産品の包丁のみならず、鍛冶職人の包丁も海外に輸出されていましたが、柄腐れ防止と青紙スーパーを自家割り込みして造った包丁という高い付加価値の包丁は同社にしかありません。質と価格、そして外国人が憧れる歴史などのバックグラウンドが相乗効果を生み、世界的に話題の商品になったのです。

◆これからも伝統の技で高付加価値の商品をつくり続ける

大量生産ではなく、代々受け継いできた技術を活かして、ニッチな分野で他社と競争しない製品をつくり続けることが必要だと経博さんは考えています。

10年ほど前、刃物の産地から業界の青年部の人たちが見学に訪れました。もともとは同社のように鍛冶を生業としていたものの、今では機械による大量生産をしているところがほとんどでした。その時、「手打ち包丁の需要は減ってきているが、どう思うか？」と聞かれた経博さんは、こう答えました。

「確かに需要は減ってきています。しかし大量生産にはない、手打ち包丁の切れ味でないと満足できないという最低限の需要は残ると私は思います。しかも、それをつくれる職人がほとんどいなくなるとしたら、必然的に技術が高付加価値となり、職人の伝統と技による商品は残るのではないでしょうか。また、機械でつくる大量生産品は人件費の高い日本ではなく、いずれ海外にもっていかれるでしょう。ニッチな分野ですが、質と価格、クオリティで他社に負けない包丁をつくり、商圏を広くもつ。そこを追求していけば、代々受け継がれてきた伝統技術を活かして、うちがうちらしく生き残れると思っています」

「代々受け継がれてきた刀鍛冶技術の継承と、盛高の名を恒久的に守り、鍛冶技術を駆使して社会に価値ある物を創り出し、人類、社会の発展に貢献し、働く従業員1人ひとりに物心両面の幸福をもたらす」という経営理念のもと、同社は1000年企業をめざします。

差別化⑦

商品開発力と徹底した接客サービスで1枚1080円の「煎餅」がヒット

株式会社山香《やまこう》煎餅本舗

（煎餅製造販売／埼玉県草加市）

「草加せんべい」で有名な草加市に、1枚1080円の煎餅を売って大ヒットさせている山香煎餅本舗がある。手焼き煎餅の体験施設「草加せんべいの庭」をオープンして地域の人々を楽しませるだけでなく、チャレンジングな商品開発でリピーター客の気持ちをしっかりとつかんでいる。

◆炭火手焼煎餅「天晴《てんはれ》」の衝撃の味

「パリッ」という心地よい歯ごたえ。何という豊潤さ。これが煎餅の味なのか。今までの概念を覆す味でした。これが、炭火手焼煎餅「天晴」1枚1080円（税込み）との、衝撃の出会いでした。

この煎餅を製造しているのが、株式会社山香《やまこう》煎餅本舗です。同社は煎餅の販売・生産者が集積する埼玉県草加市にあります。

同社の企業理念は「お客様の喜びをわが社の喜びとする」。お客様の幸せをつくる会社をめざし、お客様の「おいしいね！」をモットーに日々、煎餅を製造しています。

創業は1971年。現社長の河野文寿《ふみとし》さんの父、会長の武彦さんが25歳の時でした。会長は山梨県出身で、東京の知り合いの煎餅屋から手伝いに来てほしいと言われて上京、煎餅の製造販売のノウハウを習得しました。

武彦さんは、それから草加に移ります。

現在の草加市は、人口約25万人の都市です。日光街道の宿場町であり、現在、市内に煎餅の製造所や販売所は50軒以上あります。

草加は昔からの米どころで、多くの米がとれたことから、農家の人たちは余った米を保存するために、団子状にして乾かしたものをつくっていました。これが煎餅の起源といわれています。

当初は生地に塩を練りこんだものでしたが、醤油が普及し始めた幕末から、焼いた煎餅に醤油が塗られるようになりました。大正時代には埼玉の名産品として天皇に献上され、草加せんべいの名前が一挙に広がり、平成27年には「草加せんべいの普及を促進する条例」までも制定されています。

この草加市で、武彦さんは卸問屋として独立。昼夜を問わず営業に駆け巡り、販売を軌道に乗せました。その後、自ら製造を始め、草加市内に小売店も展開、今では焼き煎餅と揚げ煎餅の2つの工場を有しています。

一般に煎餅業界は分業体制が確立しており、生地屋と焼き屋が分かれているケースが多いのですが、同社は販売から製造小売りまで一貫して手がける、煎餅版・製造小売業を展開しています。

◆体験施設「草加せんべいの庭」をオープン

その後、2007年に文寿さんが2代目として社長に就任。翌年の2008年に、山香は手焼き煎餅の体験施設「草加せんべいの庭」をオープンしました。その建物は草加市の「建物景観部門　草加市まちなみ景観賞」を受賞しています。

1枚 1080 円のお煎餅、「天晴」

「せんべいの庭」の中には、風情あふれる優しい木のぬくもりと、草花に囲まれたカフェを併設しているので、ゆったりとした時間を過ごすことができます。さらに煎餅の手焼き体験コーナーもあり、子どもたちがわいわい言いながら煎餅を焼くことができる、ファミリーで楽しめる場所となっています。

職人が主役で活躍する場として、店舗の中心に手焼き煎餅の焼き場があります。外から製作工程がすべて見えるようにガラス張りにし、職人のステージを設けました。ステージでは、専門の職人が国産有機米を原料に使用した煎餅を、備長炭の炭火で1枚1枚ていねいに焼いています。

社長に就任したばかりの文寿さんは、当初は、せんべいの庭を軌道に乗せるために日々奮闘しました。今でこそ「もの」売りでなく「こと」売りといわれますが、当初は実演販売自体があまりなく、定着するのに時間がかかったのです。週末の人出はなく、集客にも大変苦労しました。さらにホームページもSEO対策を講じましたが、目立った効果は得られません。

ところがあるきっかけで、カフェの草加煎餅ソフトクリームが地方紙に掲載され、そこからラジオの取材や雑誌の取材が来るようになりました。

オープン当初は煎餅以外のカフェ商品は煎餅ソフトクリームしかありませんでしたが、取材をきっかけに煎餅を利用したカフェ関連の商品開発を進め、今では煎餅バーガーや煎餅汁など多岐にわたっています。

この結果、お客様がSNSやツィッターでつぶやいてくれるようになり、気がついたらホームページの検索で上位に出るようになったのです。週末には、若い夫婦が訪れるようになり、客層はお年寄りからファミリー層まで広がっています。今では、大阪など遠方からの修学旅行のコースにも指名されるようになりました。

これらの経緯が、新商品開発を強化する出発点になりました。

◆毎月ひとつ新商品を開発する

「せんべいの庭」の象徴的な商品として、炭火手焼煎餅「天晴《てんはれ》」があります。

文寿さんは、おいしい煎餅には3つの要素が必要だと言います。1つ目は焼の香ばしさ、2つ目は米の甘み、そして3つ目は、天然だしと醤油です。三位一体が素材本来を活かした「おいしさ」を生み出します。

天晴は、国産の有機米を使用した生地をていねいに天日干しし、ベテラン職人が1枚1枚、備長炭で焼き上げた最高級草加煎餅です。炭火焼の香りと歯ごたえ、有機醤油を100％使用した醤油ダレが、お米のもつ本来の甘みや旨みを引き出し、存分に味わうことができます。

天晴は月に100枚程度、贈答用と個人用が半々で売れています。贈答用の20枚セットは桐箱入り。箱は埼玉県春日部市の伝統工芸桐箪笥の工房に依頼して製作してもらっており、年間に数十セットが購入されています。

その他の煎餅の売れ筋は、スタンダードな「草加せんべい（醤油・4枚入り）」定価411円（税込）、おこげ煎餅の「八穀おこげ（6枚入り）」定価422円（税込）です。次によく売れているのが「初代蒸籠職人（5枚入り）」で、定価810円（税込）になります。堅焼きの煎餅で国産の有機米を使用し、昔ながらの製法を大切にした、蒸籠蒸しのしっかりとした生地を使用しています。

その他にも、山香にはユニークな商品がたくさんあります。草加煎餅とホワイトチョコレートが恋をした、新しい食感と新しい味の「草加せんべいチョコ」、ひとくちサイズ煎餅の「小煎ミックス」など。最近の話題商品は「餃子のおこげ」で、ラー油を使用し、酒のつまみとして好まれています。この商品は、ラーメン店のお土産としても置いてもらっています。

さらに、非常食として「おいしい非常食セット」もあります。薄塩味のお煎餅とパンの缶詰、小倉一口羊羹がセットになっています。保存期間は2年半から3年と長期にわたります。

このように山香では、毎月ひとつの新商品発売をめざし、次々に開発しています。新商品の開発は会長と社長が担当していますが、そのネタとなっているのが、パートタイマーを含む社員が提出する日報です。パソコンから、さまざまな情報が上がってくる仕組みになっているので、その中から素早くヒントを探し出し、新商品開発に役立てています。

ＯＥＭ商品も用意しています。ＯＥＭというより、故郷産品の製作の支援事業と言ったほうがいいかもしれません。きっかけは、社長が参加している「あしもと逸品プロジェクト」。全国各地のお米を使用し、炊き立てのご飯を米油でさっと揚げた「おこげ」煎餅の共同開発でした。最初は、四国の四万十で取れる「香り米」とのコラボレーションから始まり、現在では全国10カ所の煎餅を製造し、現地で販売しています。

◆成功の鍵は、新商品開発とリピーターの獲得

山香の方針は、無用な広告宣伝費は使わず、自分たちでつくって、自分たちで宣伝し、自分たちで売ることです。特に重要なのは、新商品開発と固定客、リピーターの獲得だと文寿さんは言います。

「煎餅などのお菓子は、世の中になくても困らない商品です。だからこそ、お客様に『おいしいね！』と言ってもらい、コミュニケーションの起点となる必需商品にしたい」と熱く語ります。

そのためには「おいしいね！」を届ける店員の、接客サービスが重要です。だから同社は、社員教育には徹底的にこだわり、パートタイマーを含む全社員に年４回の研修を課しています。ベテラン社員でも研修に出ないと、店員として店頭に立つことができません。講師は社外から専門講師を招くこともありますが、基本は社長自ら実施し、社員のみならず、自ら学ぶ姿勢を示しています。

この姿勢が実を結んで、接客レベルが向上し、お客様が口コミで広がってファン化し、リピーター客が増え、そのリピーター客が店頭や通信販売で再購買してくれるサイクルが回っているのです。その結果、ＬＩＮＥの登録数は２６２０人にものぼります。

文寿さんは従業員を大切にし、「リストラは絶対にしない」と決めています。この経営

姿勢も、店員の心を込めた接客の背景にあるのでしょう。

　文寿さんは将来についてこう語ります。

「煎餅を、海外に日本文化として売り出したい。デザートの世界で塩辛い味のものは、世界に煎餅しか存在しません。デザートは甘いものだけだという概念を壊したい。塩辛いデザートを、日本酒のように、文化として海外に売り出したい」

　煎餅文化を世界に――社長の夢は世界へと広がっています。

差別化⑧

本物の食材とぬくもりのある空間づくりで差別化する

株式会社アップルファーム「六丁目農園」（レストラン／宮城県仙台市）

仙台市の自然派ビュッフェレストラン「六丁目農園」は、オープン10年が経過しても満席状態が続いている。取れたての野菜を使った料理のおいしさ、顧客本位のメニューの豊富さ、接客の温かさなどが人気の秘密だが、その背景には、創業者である渡部社長の、障がい者への強い想いがあった。

◆蟻地獄のような低価格競争

価格競争を避け、人、とりわけ社員を幸福にする経営を愚直一途に実践しつつ、企業を成長発展させていくことは容易ではありません。

ましてや水商売とも揶揄される飲食業にとっては、なおさらです。

このためどうしても、他店の今日の価格や、お客様の財布の状況を意識しながらの値決めになってしまいます。

私たちが決して要求しないような低価格のお店が後を絶たないのも、ほとんどのお店が価格、特に「他店より安い」ことをセールスポイントにした経営になっているからです。

顧客の目を引くような低価格の商品を提供するためには、どうしても、原材料の質を落とすか、量を減らすしかありません。そうでなければ、それまで3人でやっていた仕事を2人でやるようにし、減った人数であれもこれもやらせることで原価を下げる経営になってしまいます。

そして、それは結果として、社員の働きがい・やりがいを次第に低下させていくとともに、社員を心身ともに疲弊させてしまうのです。

使用する原材料の品質や鮮度を落とせば、あるいはお皿に盛る食材が少量になれば、賢い顧客はすぐにそのことに気づきます。そして、お店を見捨てるのです。

おいしそうな六丁目農園のお料理

社員の心身を疲弊させるような経営をすれば、その社員は、顧客満足度を高める感動的な接客サービスなどできるわけもなく、自らの保身のための仕事を果たすことだけに、精一杯になってしまいます。

一方で顧客のほうは、お客をお客とも思わないような無礼な、まるで免責のようなサービスに嫌気がさし、二度と行かなくなるでしょう。それどころか、多くの顧客は親しい仲間たちに、そのことをまるで伝染病のように伝えていくのです。

それがわからない経営者は、「お客が来ないのは、まだ値段が高いからだ」と考えて、さらなるコストダウン策をとっていきます。その様は、まるで蟻地獄です。

◆オープン10年たっても満席状態

では中小の飲食店はどう価格競争と決別し、関係者皆が、程度の差こそあれ、幸せを実感できるような経営をしていったらよいのか。

そのモデルとなる1社が、株式会社アップルファームが運営する「自然派ビュッフェレストラン・六丁目農園」です。

場所は仙台市の中心から、車で約20分ほど走ったところ。周辺には、産業道路が走り、工場が点在していて、決してレストランの立地として有利とは思えない場所です。

オープンしたのは、今から10年ほど前の２０１０年11月、開店時間は午前11時15分から午後15時までで、夜は営業していません。

もともと倉庫を改修してつくった建物で、座席は74席ですが、開店以来10年たった今でも、ほぼ毎日、満席状態が続いています。

気になる客単価はというと、年齢によって異なりますが、中学生以上の大人は税込みで１６１０円、65歳以上のシニアは１８３０円です。

つまり、高くも安くもない、値ごろ感のある価格設定といえるでしょう。

こうした価格設定を踏まえると、六丁目農園のセールスポイントは明らかに価格ではないということがわかると思います。

同店の人気の秘訣は価格ではなく、まさに本書のテーマである非価格なのです。ポイントは多々ありますが、ここでは3点のみ述べることにします。

◆「六丁目農園」の人気の秘訣

第一点は、何よりも提供される料理のおいしさです。その理由は、六丁目農園の食材は、無農薬の自社直営農園や提携農家からのもので、大半がその日の朝の取れたての本物の食材を使っていることです。

料理の提供の仕方にも特徴があります。六丁目農園で食事をしたことがある人なら気づいたと思いますが、料理を盛りつけている大皿が、他の類似店舗と比べて一回りも二回りも小さいのです。

そのため、普通は、5、6人のお客様が大皿から小皿に盛っても、大皿の料理がなくなってしまうことはまずありませんが、六丁目農園ではすぐになくなってしまいます。お客様に常につくり立ての料理、熱々の料理を食べてほしい、残り物のような料理を食べさせたくないという強い思いから、小さめのお皿で料理を提供しているのです。

食材の調理方法も、他店とは一味違います。一般的に、業務用の食材の場合、数も多いのでやむを得ないのかもしれませんが、機械加工が大半です。しかし六丁目農園では、例えば野菜は、スライサー（野菜カット機）ではなく、社員が包丁を使い、1つひとつていねいに切っていきます。

機械によるカットと違って、不ぞろいになることもありますが、やはり人が愛情をこめてカットした野菜の味はひとしおです。

ちなみに提携農家から仕入れている野菜は、形やサイズの問題で市場に流通せず、捨てられてしまうようなものを活かしています。

人気の秘訣の第二点目は、店舗で提供されるメニューの豊富さです。

一般的にランチビュッフェを運営する店舗の中には、売れ筋とか、お店の効果・効率などを優先して、メニューを絞り込んでいるところが少なからずあります。

しかし六丁目農園は、企業の都合ではなく、顧客志向が徹底しています。自慢の野菜、総菜はもとより、ピザ、パスタ、肉料理、そしてデザート類で、時期・季節ものを含め、カウンターには毎日70種類を超える料理が所狭しと並んでいるのです。

しかも、見ればすぐにわかるような鮮度で、暖かい状態で食べる料理には湯気が立っています。

私も何度となくお店に行きましたが、あれもこれもで、少々食べ過ぎてしまいます。

第三点目は、店舗の空気・雰囲気にあります。

事実、六丁目農園で食事をされた多くの人々からの書き込みをネットで見ることができますが、たくさんの人が、「ふんわりとした雰囲気がいい」とか「なんとなく癒される感じがする」、「味もさることながら、何よりもスタッフの活き活きと働いている姿が魅力」といった感想を記しています。

「企業の最大の商品は、社員という名の商品である」と、「人を大切にする経営学会」の坂本光司会長はよく言われますが、まさにそのことを実践してくれているのです。

◆雇用を通じて障がい者の幸せづくりを

六丁目農園がこうした店舗になったのは、優秀なスタッフを確保できたからとか、そういうスタッフになるように社員教育に注力してきたから、というわけではありません。

創業者であり現経営者である渡部哲也さんの、「人、とりわけ障がい者の幸せづくりに、雇用を通じて貢献したい」という思いの強さがあったからだと思います。

同店は以前、夜も開店したことがあります。多くの顧客から「おいしいので、ランチだけでなくディナービュッフェもやってほしい」と嘆願され、一部の社員からも「売上が増加するから夜も営業したほうがいい」という提案があったためでした。

しかし、2日でそれはやめました。

なぜなら、スタッフ、特に障がいのあるスタッフの心身の疲労が、蓄積されていることを感じたからです。渡部さんは、「自分が開店したのは、働くことを通じての障がい者の幸せづくりであったのに、逆にスタッフを苦しめてしまっている」と思ったのです。

まだ創業10年と若い企業ではありますが、現在では、障がい者やその家族、さらには地域の要望を踏まえ、飲食事業であるランチビュッフェ以外にも、保育園事業、障がい者福祉事業、そしてコンサルタント事業など、さまざまな事業に取り組んでおり、拠点は5カ所に拡大しています。しかも、総雇用は約200名、その約半数が、何らかの障がいのあるスタッフです。

同社のこうした取り組みが、価格ではない、大きな価値を生み出しているのだといえるでしょう。

PART 4

「いい会社」として価格以外の価値観経営を実践する

いい会社❶

社員の持ち味を生かして、障がい者と警備業界、それぞれの可能性を拓く

ＡＴＵホールディングス株式会社

（警備／福岡県福岡市）

これまでの警備業界の常識を覆し、障がい者にも就労と活躍の場を提供し続け、同業他社対比で10％高い受注単価を実現しているＡＴＵホールディングス。

障がい者、健常者といった垣根を超えて、社員1人ひとりの持ち味を生かしつつ、非価格経営が展開できているその経営は、業界を超えて脚光を浴び始めている。

◆障がい者雇用を推進しつつ非価格経営を展開

これまでの警備業界の常識を覆し、障がい者雇用を推進しながら非価格経営で結果を出している会社が、ATUホールディングスです。

同社の設立は2012年ですが、現経営者である岩﨑龍太郎さんが入社した2014年から本格的に障がい者雇用に乗り出しました。

2020年現在、社員全体46名のうち18名が障がい者で（内訳は、身体障がい者5名、知的障がい者6名、精神障がい者7名）、この人数を重度障がい者のダブルカウントも勘案して計算すると23・5名となり、同社の障がい者雇用率はなんと51％となります。

この数字に、引きこもり経験者5名と70歳以上の7名も含めると、全体の77％という高い割合で、同社は何らかの働き難さを抱えている社員を雇用し続けていることになります。

現在、警備業界全体の障がい者雇用率は1％程度、しかもその大半は軽度の身体障がい者の雇用といわれているので、同社のこの数字が驚異的であることがわかります。

しかも特筆すべき点は、警備業従事者の雇用は、日給月給の非正規雇用が一般的ですが、同社は全社員を週休2日制、フルタイム7時間勤務の正社員として雇用していることです。

こうした雇用を実現しながら、同社は、同業他社との非価格競争においても結果を出しています。

ＡＴＵホールディングスが所在する福岡県下には４７９社の警備会社がありますが、同社は、他社比クレーム率の低さが3・4倍という圧倒的な提供サービスの品質の高さと、徹底して顧客の経営課題（＝お困りごと）の解消に焦点を当てる姿勢が高く評価され、他社より10％高い単価での受注に成功しているのです。

これにより、社員への支払い給与の水準も、同業他社対比で10％高い賃金を達成できています。

なぜ同社は、これほど多くの障がい者雇用を維持しつつ、価格競争を脱した経営を実現できているのでしょうか。

◆障がい者雇用に取り組んだきっかけ

岩﨑さんが障がい者雇用に取り組んだきっかけは、２００２年、当時勤務していた警備会社のある社員から、「実は精神障がいがあるのですが、勤務を継続したいのです」と打ち明けられたことでした。

岩﨑さんは、その訴えに、何とか応えようとします。

当時、障がい者に当然認められるべき権利のひとつとして、雇用機会の確保を社会全体で進めていくべき、という決議が国連で進められていました。すでに障がい者雇用は国際

警備業務に就いているATUホールディングスのスタッフ

的な潮流となっていたのです。

ところが日本国内、特に管轄官庁など警備業界を取り巻く環境においては、障がい者雇用の前例が全くないことから、その社員の雇用を守ろうとする岩﨑さんの取り組みは難航を極め、結局、その社員は会社を辞めていってしまいました。

その後の岩﨑さんら関係者の誠意ある取り組みによって、こうした状況は徐々に改善されていくことになります。その過程を通じて岩﨑さんが着目したのは、「ひとつのことを、一定の水準を維持して継続して取り組むことができる」という強みを障がい者がもっているという事実でした。

そして、そもそも障がい者を支援するという視点自体が、健常者が障がい者を区別していることの現れであり、障がい者の雇用を進めていく際の本当の障害は、実は健常者の意識にある、という本質に、岩﨑さんは気がついたのです。

岩﨑さんはこの本質に立脚し、社員が障がい者であっても健常者であっても、それぞれの特性に合った最適な業務内容と就業環境を提供しさえすれば、その人は見事に活躍する、という現実を、自社の経営を通じて1つひとつていねいに積み上げてきました。

そうした現実を積み上げていく過程で、岩﨑さんが徹底して実践しているのが、本人への「確認と質問」の繰り返しです。

本人の強み、特性、持ち味を理解して、その人に最も適した業務内容と就業環境を把握するための「確認と質問」ですが、岩﨑さんの場合は、その人がこれまでの人生で何を体験してきたのか、その人の人生そのものに対する真摯な問いかけに及びます。

こうした問いかけを通じて、その人の人生体験を可能な限り深く理解しなければ、本当の意味で最適な仕事の準備とアサインは現実化しない、と考えているのです。

この「確認と質問」を経たうえで重要なのが、「信じて待つ」ことだと岩﨑さんは言います。

それまでできなかったことができるようになるプロセスは、誰にとっても時間を要するものです。そのプロセスを見守る岩﨑さんをはじめとする周囲の人たちは、本人ができるようになることを、とにかく「信じて待つ」。

求められるのは、根気強さです。

◆独自の人事評価基準と共育プログラム

こうした「確認と質問」の実践や、徹底して「信じて待つ」姿勢とともに、同社の非価格経営を実現している具体的な施策が、独自の人事評価基準と共育プログラムです。

一般的な人事評価は、仕事をする力が100％の社員が、120％の能力を発揮したことを評価の対象とします。

こうした評価基準は社員の動機づけが狙いであり、その点で有効に機能することももちろんありますが、一方で、100％から120％へ、150％から200％へと、社員への期待や目標設定がどんどん高くなり、行き過ぎてしまう可能性があります。

この行き過ぎた動機づけは、人や組織を「過剰適応」、つまり取り巻く環境に過度に自らを適応させようとする状態に追い込んでしまうリスクをはらんでいます。

この「過剰適応」の最も大きな弊害は、仕事をする力が劣る人を排斥する組織になっていってしまうことです。

岩崎さんはこのリスクを避けるために、「他の社員をいかに育成させたか」ということを、人事評価の最重要基準のひとつとして設定しました。

仕事をする力が10％しかない社員であっても、20％の力を発揮できるようになれば、その人の生産性は格段に向上したことになります。

このようにして、1人ひとりの仕事をする力と生産性が向上していくと、組織全体の生産性も向上していくのです。

当然、仕事をする力が10％の社員を育成して20％まで引き上げることができた場合は、その育成を担当した人が大いに評価されなければなりません。そのための評価基準を明確に設定することで、社員の意識と行動と、組織の生産性向上を直結させているのです。

そしてもうひとつ、特筆すべき同社の施策が、独自の共育プログラムです。

この共育プログラムの第一の特長は、スケジュールを区切った明確な到達目標の設定です。

プログラムではまず、「1年以内に警備業務が面白いと感じてもらうこと」に取り組みます。ここでいう面白いとは、

「存在が認められる環境であること（承認欲求）」

「戦力になっていると実感できること（自己効力）」

「自信をもって仕事をしていること（自己肯定）」

「安全・安定した雇用環境であること（生理的欲求、安全欲求）」

の4つを満たしていることと定義されています。

次に、「2年以内に一人前のサブトレーナーになること」に取り組みます。一人前のサブトレーナーとは、仕事に精通し、下の者に教えることができるレベル、つまり警備指令書を書き、それを説明できるレベル、と定義されています。

このように、2年間という限られた時間軸の中で明確な到達目標を設定し、本人を動機づけしていく仕組みです。

この共育プログラムの第二の特長は、「心の開拓」と、徹底した基礎技術の習得です。「心の開拓」とは、公共の福祉があってはじめて個人の自由や権利がある、という認識に基づく全人格的な自立を促していくことです。具体的には、他者への感謝の気持ちをはっきりと態度と言葉で表現できる心の在り方を、共に育んでいくことになります。

この「心の開拓」と並行して、担当業務の遂行に必要な基礎技術の習得を徹底していきます。

基礎技術は一見地味ではありますが、実は、その習得こそが一流への道につながる、という基本姿勢のもと、育成が進められます。

そして、この共育プログラムの第三の特長は、情報の共有です。

同社では、互いのことをよりよく理解するために、社員それぞれの同意のもと、1人ひとりのカルテを作成します。そこに本人の基本情報や職能情報、障がい特性などを記載し、日々の技術の習得状況や取組内容を随時加筆しながら、全員でこの情報を共有するのです。

このような人事評価基準と共育プログラムの運用により、同社の転職的離職率は実質的にゼロの水準で推移しています。この点でも、ATUホールディングスは、同業他社とは全く異なる経営を実現しているといえるでしょう。

◆幸せな笑顔の輪が広がる未来に向けて

2020年のコロナ禍は、同社にも大きな影響を及ぼしました。それまで安定的だった既存の顧客からの売上が、一気に20%もなくなってしまったのです。

それでも岩﨑さんは、徹底的にお客様のお困りごとの解消に焦点を当てる姿勢で新たな顧客を獲得し、売上の落ち込みを見事にカバーしました。

岩﨑さんのこの姿勢は、社員の特性に最適な業務内容と就業環境を届ける真摯な姿勢と、実は通底しているのだと思います。

ここで、社員として警備業務に従事しているOさんのエピソードを紹介します。

Oさんは、後天的な病気が原因で左半身の機能を失い、高次機能障がいも発症してしまいました。

その後10年余り求職活動を続けますが、職に就くことができず、生活保護を受ける形で生計を立てていました。

そんな中、Oさんは岩崎さんと出会い、今は同社の社員として、警備員として活き活きと活躍しています。

Oさんは輝くように幸せな笑顔で、こう話してくれました。

「生活保護の手当てでいただくビールよりも、1日働いたあと、やっぱり自分で稼いだお給料でいただくビールは、本当に旨いんだよ」

非価格経営のさらなる普及で、ひとりでも多く、次のOさんが生まれてくることを心から願いつつ、私たちも微力をつくしていきたいと思います。

いい会社②

どんな小さな工事でも大切に対応し、地域に愛されるリフォーム会社

株式会社さくら住宅

（リフォーム工事／神奈川県横浜市）

リフォーム会社が乱立する中、工事品質の高さや提案力の高さ、何より心温まる対応で実質リピート率１００％のさくら住宅。決して値引きをしないにも関わらず増収増益を続け、業界からも高い評価を得ている。人を大切にする経営が、多くのファンをつくっている結果である。

◆22期連続の黒字経営を続ける地域密着型のリフォーム会社

神奈川県横浜市にある株式会社さくら住宅は、県内に本社を含め5店舗を構えるリフォーム会社です。１９９７年6月に横浜市栄区に創業。創業者は現在、会長職に就かれた二宮生憲さんです。

二宮さんは愛媛県の高校を卒業後、働きながら夜間の大学を卒業。その後、東京で大手住宅メーカーに就職し大きな実績を上げ、さらには別の上場住宅メーカーに引き抜かれて取締役にまでのぼりつめた実力の持ち主です。

創業当初の売上高は７０００万円でしたが、平成31年度には13億７０００万円にまで売上を伸ばし、創業の年を除けば22期連続の黒字経営を続けています。

また、リモデルクラブ店と呼ばれるＴＯＴＯ製品を取り扱う全国５０００社以上もある中で、キッチンの売上が全国1位になって表彰されたこともあります。社員数はわずか44名、営業エリアは同社の各店舗から車で30分圏内という限られた商圏で、増収増益を続けています。

さくら住宅は一貫して値引きをせず、適正価格でのリフォーム工事を行っています。

値引は簡単にできますが、値引いた分は工事の手間を省くことになります。釘を３本打たなければならないところに１本しか打たない、２日かかる工事を急いで１日で終わらせなければならないなど、どこかで無理をしなければいけません。

それで本当によい仕事をしたといえるでしょうか。手間を省いた工事は結果的に、実際に住むお客様にしわ寄せがいってしまうため、いっさいの値引きをしないのです。適正な価格と適正な利益は会社を存続させることにつながり、お客様にとって将来安心して頼めるリフォーム会社としてあり続けることができます。

昨今では、見積を複数社に依頼して比較検討することが当たり前になってきました。しかし、お客様は建築のプロではありません。

同じ内容のリフォーム工事の場合、複数社の見積書を見て価格の差とその理由を判断できる人はそうはいないでしょう。結局のところ、お客様が判断できる材料は見積金額の高い・安いだけになりがちです。

相見積の場合、リフォーム会社は仕事ほしさに他社よりも値段を下げて契約を取ろうとしますが、同社では「どうぞ、そちらの会社さんに仕事をあげて下さい」と、ていねいにお断りすることもあるそうです。

だから、さくら住宅では従業員にノルマを課すことはありません。値引きをすることで高い工事品質を保てないと判断した場合、無理に契約をしなくてよい、としているのです。

これが、価格競争を避けることができている大きな背景となっています。

盛大に開かれるさくら住宅の株主総会・懇親会

◆手間を惜しんでは、お客様は来てくれない

同社は「リフォームを通じて社会のお役に立つ会社になる」を経営理念とし、他社がやりたがらない小工事を率先して受注しています。

その内容は、水漏れ修理やトイレのつまり解消、網戸張替、電球の交換やネジ1本の取付まで、金額にすると3000円とか5000円など、他社では受けてもらえないような内容の工事です。

さくら住宅では、年間2200件以上の工事を行っていますが、5万円以下の小工事が約4割を占めています。それでも赤字にならないのは、小工事でお客様の信頼を得て、その後の大口受注につながっているからです。

顧客リピート率は実質100％。その大半が大口工事となっています。「どんな小さなことでも、目の前で困っているお客様がいたら手を差し伸べるのが人としての正しいあり方」と従業員に口酸っぱく言い続けている二宮さんの考え方が、社内に浸透しているからこそできることです。

しかし、はじめから順調だったわけではありません。創業当時は、どうやったらお客様から引き合いがくるのか、試行錯誤の連続だったそうです。キッチンやユニットバスなど、水回りのリフォームを一括で行うことでお得感のあるパック料金を設定し、チラシをつくって配布したこともありました。その時は、知らず知らずのうちに価格競争に走りかけていたのかもしれません。

打開策が見つからないままのある日、洗面化粧台の鏡だけを交換してほしいというお客様がやってきました。手間賃をいれても数千円にしかならない工事です。しかし工事後、お客様が喜んでいる姿を見て、仕事の本質は価格の高い安いではないことに二宮さんは気づきました。

それだけではありません。後日、そのお客様が新しいお客様を紹介してくれたのです。そしてそのお客様がまた別の新しいお客様を次々に紹介してくれる、という流れができました。

地域密着だからこそ口コミの影響力は大きく、逆に納得のいかない工事や対応をした場合、あっという間に悪いうわさが広まってしまいます。

しかし、さくら住宅が地域の方々に喜ばれている理由は、小工事の請負だけではありません。例えば、雪が積もれば近所のお年寄りのお宅に行って雪かきをしたり、水漏れのお問合せがあれば夜中でも応急措置をとり、翌朝一番には職人さんを呼んでしっかりと対応するなどしています。同社では、価格を超えた感動サービスを地域社会に提供しているのです。

◆地域の憩いの場を提供する「さくらラウンジ」

同社は2008年に、本社事務所から一軒隔てたスペースに、「さくらラウンジ」をオープンしました。

横浜市栄区の中でも、同社があるこの地域はすでに高齢化が進んでいますが、散歩の途中でちょっとお茶を飲める場所や、気軽に展示会などができるスペースはありませんでした。空いているスペースがあれば、ふつうは自社のショールームや接客スペースなど、売上に結びつけるための場所に使うところです。しかしこの地域の方々に支えられてきた同社は、地域住民への恩返しと何か役立つものを提供したいという思いから、この「さくらラウンジ」の運営を始めます。

さくらラウンジでは、展示会や会合で使用するための会場費や飲み物はすべて無料です。運営スタッフは同社の株主であるOB顧客や、近隣住民の方々で成り立っています。中には、ラウンジを手伝うことが生きがいになった、と言うスタッフもいたそうです。お子様連れも安心して利用してもらえるよう半畳の畳を常備しており、赤ちゃんをゴロンと寝かせたり、オムツ替えができるようになっています。横浜市の子育て協力施設「ハマハグ」にも登録しています。

また、同社近くの社会福祉法人訪問の家サポートセンター「径」の「パン工房ゆめ」のパンも販売しています。パンは無添加でおいしく、種類も豊富で、販売日には雨の日でも車いすで届けてくれます。そのパンをいつも買いに来るリピーターの方もたくさんいます。

奇数月には「さくらラウンジニュース」を発刊するなど、いろいろな情報を発信する場にもなっている「さくらラウンジ」には、すでに2万人以上の来場者があり、地域の方々の交流の場として、和みの場として利用されています。

◆「全国リフォーム合同会議」で業界の底上げを担う

もちろん、全国各地にあるリフォーム会社のすべてが、お客様に寄り添った会社であるとは限りません。いい加減な工事をして知識のないお客様を言いくるめたり、高齢者をだまして高額な代金を請求したり、工事後の不具合をほったらかしにしたり――残念なことに、不誠実なリフォーム会社は後を絶ちません。

そこで、二宮さんが平成22年に発足させたのが、「全国リフォーム合同会議」です。

その目的は、「リフォーム業者についての偏見を払拭し、安心・安全・信頼できるリフォーム会社として消費者に認知される会社を全国に広げる」ことです。当初3社で始まった合同会議は広がりを見せ、今では全国から27社が参加、2018年には社団法人化されました。

合同会議で行うのは、経営者会議と社員会議の2つです。経営者会議では各社の経営状況などを持ち寄り意見交換、社員会議では会社の垣根を越え、ひとつのテーマについてグループごとに討論します。両方とも、同業他社の人たちの考え方、信念などを知って成長するきっかけを得ることができる貴重な場となっています。

どちらの会議にも共通して言えるのは、小手先の営業手法などを学ぶのではなく、リフォーム業のあり方を考え、人間的な成長を促す場であるということです。

北海道のリフォーム会社、株式会社スマートプロジェクトの諏江社長からは、合同会議で次のような発言がありました。

「今まで、知らず知らずのうちに、価格競争の悪循環にはまっていました。合同会議でのメンバー企業に厳しくも温かい指導をいただき、何とか黒字転換することができました」

スマートプロジェクトは、地域の価格競争の波に飲まれ、業績が思うように上がりませんでした。なんとか打開策を見つけたいと合同会議に参加を決めたところ、合同会議の会長の二宮さんやさくら住宅の福田社長、メンバー企業が何度も現地に足を運んで、指導を続けてくれました。

自社オフィスの改装で働く環境を改善したり、社員間競争と決別してモチベーションの向上につなげたりと、アドバイスは多岐にわたりました。先に紹介したのは、その後の合同会議での、諏江社長の言葉です。

このようにさくら住宅は、合同会議を通じて、自社の発展だけでなく社会全体の発展を見据えています。「困っているお客様を助けたい」という思いに共感する全国のリフォーム会社に入会してもらい、安心して任せられる企業の輪を広めたいと考えているのです。それは結果的に業界の底上げだけでなく、社会全体の発展につながるでしょう。

同社は、関わるすべての人たちの未来と幸せを考え、価格や利益より、心のあり方を大切にした非価格経営を実践し続けています。

いい会社③

長い期間をかけ、ブレずにコツコツと「世界最速工場」をめざす

沢根スプリング株式会社

（ばね及び関連製品の製造販売／静岡県浜松市）

自らの力で「考え・つくり・売る」を実践する沢根スプリングは、「世界最速工場」を掲げ、他社を圧倒するスピードとサービスに磨きをかけることで、「時間」という価値を提供している。自らを製造業ではなく製造サービス業と位置づけ、社員の人間力の向上にも力を入れることで大きな差別化をはかっている。

◆設立以来連続黒字を実現する製造サービス業

静岡県浜松市にある沢根スプリング株式会社は、ばねや関連製品を製造販売する総合メーカーです。社員数は2020年11月現在で53名（定年後の社員8名を含む）、年間売上高は8億1000万円（2019年実績）で、驚くべきことに1966年の設立以来、連続黒字経営を継続中です。

同社は、現社長で2代目である沢根孝佳さんの父親で、現会長の好孝さんが36歳の時に創業した会社です。創業以前は義兄とヤスリ屋やばね屋を営んでいましたが、意見の不一致などから独立し、ゼロからのスタートでした。

孝佳さんは、1978年に同社に入社後、自動車部品メーカーやアメリカで研修をし、1990年に36歳で社長に就任しました。製品には標準ばねの通信販売「ストックスプリング」、体操床下用クッション「サタフス」、動物実験用脳血管クリップ「マイクロコイル」などがありますが、現在、ばねの通信販売を行うサミニ株式会社、バネの試作と少量生産の専門工場である有限会社石本、中国の合弁会社で自動車部品をつくっている無錫澤根弾簧有限公司、中国向け医療用ばねの販売を手がける無錫薩密你弾簧有限公司と、4社の関連会社も展開しています。

1997年にISO9001を認証取得したことを皮切りに、2000年にISO

沢根スプリングのモットーは少量・小口・最速

14001を認証取得、その後、審査機関を日本からアメリカ、フランスへと変え、さらにはマネジメントシステムを自社で構築し、自己適合宣言へ移行しています。現在は医療機器産業に特化したISO13485の2021年認証取得をめざして準備中で、品質においても大きな信頼を得ています。

◆誰かに依存するのではなく、自分たちで価値を創造する

創業当時は、高度経済成長期ということもあり、長時間労働や休日返上は当たり前で、結果として怪我をしたり体調不良になる社員も多く、人の問題に常に悩まされ続けました。また、急成長するとお金にも困ります。先代の好孝さんは、手形問題で会社をたたむかどうかの岐路

に立たされたこともあるといいます。

日本のばね製造業は、輸送機器業界に大きく依存しており、量産リピート品が多く価格競争になりがちです。

同社も、30年前の1990年当時は量産品が80％を占め、最大の受注先との取引高は45％と、半分近くとなっていました。下請け仕事は定期的にコストダウンがあり、価格決定権がない上に薄利多売の傾向が強くなります。そこで孝佳さんは、自社の経営を安定させるためには自社製品をつくるしかないと考えました。

変化の大きな契機となったのが、孝佳さんがアメリカ研修中に出会ったばねの通信販売でした。これにヒントを得た同社は「ストックスプリング」という自社通信販売サイトの運営を始めます。現在では、特注品も含め、ばね1本からの注文も受けて、17時までの注文には即日宅配発送、品揃えについては5000種類と豊富なアイテムとなっています。

中でも「スピード」は大きな特徴で、「世界最速工場」というミッションを全社員に浸透させ、速さ一本にこだわった経営で「時間」という価値を追求し続けています。

その結果、2020年現在では量産品37％、スポット品63％の割合にまで変化しており、最大の顧客の取引高の割合は全体の13％となっています。また、顧客は440社（通信販売顧客は3万2000件）、中でも売上比率が1％未満の会社が400社以上あり、結果として顧客と対等の立場で取引ができるようになりました。

これは、誰かに依存するのではなく、自分たちが考えたものを、自分たちでつくり、自分たちで売るという考えのもとに、30年かけて少しずつ積み上げてきたもので、社内には「考え・つくり・売る」という言葉がいたるところに掲示されています。

よく、「小口ばかりやって儲かるんですか」と不思議がられることも多いそうですが、同じばねでも数や納期で値段が変わるなど、徹底的に価値を訴求することで、利益率がどんどん高まっています。

ただし同社は、いわゆる「脱下請け」ということでなく、下請けであろうと量産品であろうと、利益をしっかり見込めるものに限ってやる、ということを貫いています。そう考えると、すべての商品が非価格競争商品といえるでしょう。

◆「コツコツ時間をかけて、当たり前の小さなことを、人並外れてやり続ける」

町工場の下請けからの脱却は時間もかかり大変で、同社も30年かけて取り組んできました。傍から見ると苦労の連続ですが、驚くことに、大きな痛みを伴うような苦労はなかったといいます。それは、30年かけて、犠牲者が出ないよう、事業構造の変革と社風づくりをコツコツと進めてきたからです。

「コツコツ時間をかけて、当たり前の小さなことを人並外れてやり続けるしかない」――孝佳さんは、これが差別化だと言います。同社は、いい意味での「ゆでガエル方式」を継続してきたといえるでしょう。

孝佳さんが、社長就任に当たって最初に取り組んだのは、経営計画書をつくることです。「経営者の仕事は今のことだけではなく、会社の将来の方向性を決め、優先順位を示す。そして、理念に基づいた未来像を紙に書いて社員に明示することです」と言います。

ものづくりは、ただいいものを安くつくるだけでは儲からない時代です。製品力を高めるのはもちろんのこと、サービス力を高め、時代に合わせたビジネスモデルを構築する必要があります。

同社で大切にしている「考え・つくり・売る」。孝佳さんは当時を振り返り、「つくることに一生懸命で、『考え』『売る』ことをおろそかにしていた。『つくる』の、前と後ろをやらないとダメだ」と気がついたと言います。

商品開発や計画の作成など「考える」ことに力を入れ、そして、自分たちで考えてつくったものを自分たちで売る。この「考え・つくり・売る」を同時並行でやらないといけません。「考える」ことで、量産品の自動車部品から、小口・スポット品の通信販売へと事業領域を少しずつ変え、その結果として多様性が生まれ、現在は医療用部品の分野へと進出しています。

「売る」ことで言えば、業界初の通信販売に力を入れてきましたが、現在は、マーケティングオートメーションにも取り組んでおり、考えて、いいものをつくるだけではなく、価値訴求をどうやるかも常に考えています。

◆楽しくなければ仕事じゃない

もうひとつ、同社の注目すべき点は、事業構造の変革と同時に「考える人づくり」に力を入れてきたことです。

「楽しくなければ仕事じゃない。効率重視だと仕事から得られるやりがいや成長感を感じにくい」という考えのもと、現在では、材料も各チームがそれぞれ発注し、ひとりが全部の工程を担当する「職人完結生産方式」を実現しています。また、売上の2割は完全手作業です。最新のIT分野についての知識を常に更新しながらも、あえて「やらない」選択肢を取っているところに、「考える」を大事にしていることが表れています。

結果として、考える機会の増加や人間力の向上、仲間意識の醸成など多様性を生み出す原動力になり、未来を拓く人の育成へとつながっています。

過酷な価格競争は効率主義でコスト重視になりがちです。そしてコスト重視で得られるのは規模の利益で、小さな会社でやると身動きが取れなくなり、さらには個性もなくなってしまいます。

決めたことを決めたとおりに行うものづくりは、画一的で、効率はいいかもしれませんが、そこに楽しさはありません。働き手の熱意の低い職場からは、イノベーションは生まれません。逆に小口・スポット品は、毎日違った図面を見て、見たことのない材料、見たことのない形状の製品をどうやってつくったらいいのかを常に考えます。

遠回りはしますが、自己成長感を感じることができる、人間力あふれる「楽しいものづくり」です。同社は30年かけて、「楽しいものづくり」に少しずつシフトしてきたのです。「われわれの価値は、小さくてもいいから輝きながら永続すること。拡大よりも、毎年自然体で成長していく。そのために働き方を変え、楽しみ方改革をする。そういう働き方をすると、結果として仕事にやりがいが生まれ、生産性や創造性は必然的に上がっていく」と孝佳さんは言います。

◆経営理念に掲げた5つのこと

この「楽しいものづくり」のポイントとなるのは「腹八分目経営」です。例えば、同社の工場では、稼働していない機械が何台もあります。機械であれば稼働率に目がいきがちですが、それでも全く問題がないのは、意識して余分な人、余分な設備を抱えているからです。これは、環境の変化に対応するためには、いい意味での遊び・余裕があることが不可欠だからです。

また、いい会社にするために、いい人、いい会社と付き合うことも心がけています。そのためには、自社自身が正しい商売をしなければなりません。だから同社は、「往復の考え方」、例えば「恩を受けたら返す」「教わったら教える」といったことを大切にしています。小さな会社でも社会のためにやれることはあるという考えのもと、障がい者雇用など、多くの社会貢献活動にも力を入れています。

ここに掲げたもの以外にも、同社はさまざまな取り組みを続けていますが、すべては同社の経営理念に掲げられている5つのことに集約されているといえるでしょう。

①会社を永続させる

適正な利益を上げ、適正規模を守り、「やらまいか精神」で堅実経営に徹し、自らの力で考え・つくり・売るを推進する。

②人生を大切にする

お互い1回だけの限られた人生であり、その人生を大切にする。

社員が健康で幸せになり、80％で満足し、働く喜びや自己成長を感じられる会社にする。

③潰しのきく経営を実践する

いつでも5年先を思案し、バランスよく、どんな環境にも対応できる柔軟な潰しのきく経営を実践する。

④いい会社にする

自分の人生をより豊かに、みんなの人生にも配慮できる人の集団にする。

いい人、いい会社と付き合い、正しい商売をし、他社のやらない、やれないむずかしい仕事にも積極的にチャレンジする。

会社を取り巻く全ての人々から「いい会社」と言われる会社をめざす。

⑤社会に奉仕する

教わったら教えよ、恩を受けたら返せの往復の考え方を大切にし、人のため社会のために奉仕し、国際的な協調もする。

この経営理念の原型は、創業者である好孝さんが１９８０年につくったものですが、孝佳さんは基本的な部分は変えずに、時代に合わせて表現を少しずつ変えながら、バランスよくコツコツと実践し、積み上げてきました。

◆社員の幸せな理想郷づくりへ向かって

当たり前のことをコツコツと継続し、少しずつ変化をしながら30年。しかし孝佳さんは、30年かかってもまだ過渡期だと言います。

現在同社は、2030年ビジョンを掲げ、医療機器分野への展開など、ブランド化を進めるとともに、さらに小口・スポット商品に力を入れ、BtoC分野や、日本から世界へ向けた展開などに取り組んでいます。「超・分散」をキーワードに、今までのものづくりの事業目線での分散から、会社の永続のための分散へと考えを広め、事業領域にこだわらずに、新たな領域へと変幻自在に歩みを進めています。

孝佳さんは、会社をよりよくするためには「将来は明るく考え、現在は危機感をもちながら進む」こと、そして、やみくもに新たな領域へ進むのではなく、ITを有効活用し、同社の経営理念にある「適正規模を守りながら少しずつ安定成長」をし、会社を永続させることが必要だと言います。

2021年には事業承継も控えています。同社は、自社のイメージソングの歌詞にある「小さくてもいいから輝き続けよう、そんな花になろう」のとおり、目的である「社員の幸せな理想郷づくり」を追求し、社員全員で「楽しく仕事をしながら」未来へ進んでいくに違いありません。

いい会社④

「被災者のためにできること」から生まれた「パンの缶詰」

株式会社パン・アキモト

（パンの製造販売／栃木県那須塩原市）

非常用時の備蓄用としてパン・アキモトが開発した「パンの缶詰」。パンを缶に入れて焼き上げることで、そのおいしさと保存性を両立させることに成功、２００４年の新潟県中越地震で知名度が上がったことからヒット商品になった。賞味期限が残り半年になったものを回収して海外の必要とされている地域に届ける「救缶鳥《きゅうかんちょう》プロジェクト」も行われており、その取り組みは中学校の教材に採用されるまでになっている。

◆「街のパン屋さん」が試みた社会貢献

栃木県那須塩原市にある株式会社パン・アキモトは、社長の秋元義彦さんを妻と息子たちが支える家族経営のパン屋さんです。父・秋元健二さんが１９４７年に秋元パンとして創業。１９６５年に有限会社秋元ベーカリーとして法人化、従業員は60人にのぼります。

父から社長の座を受け継いだ義彦さんは、２０００年に社名を株式会社パン・アキモトに変更しました。パン屋さんの「パン」と、パン・パシフィック（環太平洋の「パン」）を掛けて、グローバルなパン事業に拡大するという意味を込めています。さらに、現在では、米国やベトナムにも会社を設立しています。

街にある普通のパン屋さんとして、毎日店頭に焼きたてのパンが並びますが、実は売上高全体の約7割を占めるのは、備蓄用に開発された缶入りのパン、「パンの缶詰」です。その安全性と品質はＮＡＳＡにも評価され、パン・アキモトの「パンの缶詰」は、スペースシャトル「ディスカバリー号」に積載されました。

さらに２００９年には「救缶鳥プロジェクト」を始動。２０１１年の東日本大震災では、発生直後に1万７０００缶のパンの缶詰を無償提供し、その後のトータルの提供数は30万缶を超えています。

そして今なお、パン耳プロジェクトとして「3」のつく日の売上の一部を、東日本大震災復興のためにあて、さらに2020年7月の九州豪雨ではHIS（ハウステンボス）に備蓄しているものを含め、約1・6万缶のパンの缶詰を被災者へ手渡しました。

パンの缶詰の誕生のきっかけは、1995年の阪神淡路大震災でした。缶に入って長持ちするパンは、「おいしい3年備蓄食・パンの缶詰」として人気商品になり、現在は13種類の味がそろいます。1缶の値段は約400円と、焼きたての温かいパンよりも高価ですが、賞味期間がおよそ3年（または5年）あり、いつ缶から取り出して食べても焼きたてのようにおいしいため、子供のおやつやレジャーのお供として、また贈り物としても喜ばれています。

救缶鳥プロジェクトとは、製造から2年半がたち、賞味期限が残り半年（6カ月）となった備蓄用のパンの缶詰を回収し、新しい備蓄用の缶詰を割引で再購入してもらって、回収した缶詰を、飢餓に苦しみ、今日の食事を求める海外の国や地域へ無料で届けるという事業です。2020年9月現在、おおよそ購入数の約64％が「義援物資」として海外へ送られており、これらの活動は「救缶鳥ニュース」として写真入りの報告書で支援者に報告されています。

空き缶はコップとして利用できるように、開け口に丸みをもたせて唇を傷つけないように工夫されているほか、缶のラベルには〝Relife from Japan〟の文字が掲げられ、送り主

アフリカの子どもたちにかわいい靴をプレゼント

がメッセージを記入するスペースもあります。

さらに、うっかりして賞味期限を超過してしまい非常食を廃棄せざるを得ないとの声から「アキモト・リマインダーサービス」を始めています。

このリマインダーサービスに登録すると、賞味期限前に自動的にメールが送信されてきます。賞味期限切れを防止し、食べ物を無駄にしないための徹底したサービスです。

また数年前より、アフリカ各国に、パンの缶詰と一緒に中古靴を提供する事業を開始しました。これは専務の秋元信彦さんがアフリカへ渡航した際、裸足で生活する子どもたちが、病気やケガが原因で足を切断するという事実を目の当たりにした経験から始めたもの。現在で約500足超を提供しています。

◆被災地の声を受け、不可能に挑戦した職人魂

阪神淡路大震災の時、義彦さんは知人の被災を知り、何かできることはないかと考えました。すぐに思いついたのが、できたてのパンを食べてもらうことでした。急いで2000個の焼きたてパンを車に積んで神戸へ走り、被災者の皆さんに食べてもらいました。

最初は喜ばれましたが、被災した人たちが「後から来る人たちのためにとっておこう」と残したものが、2、3日たつとカビが生え、半分が捨てられてしまいました。食べてもらうために焼いたパンが捨てられる——。これが強い心の痛みとして、今も残っています。

「あんたパン屋やろ。おいしくて保存のきくパンつくってや」

この言葉が職人の魂に火をつけました。

焼きたてはフワフワでおいしい。保存性を重視するなら乾パンか、薬品添加物を入れることになる。焼きたてのおいしさと保存性の両方を生かしたパンなどこの世に存在しません。無理、不可能、非常識なことです。しかし秋元さんは毎日の仕事を終えてから、試行錯誤の研究を続けました。

パンの劣化を防ぎ、長期保存を可能にするためには、無菌・無酸素・遮光の3つの条件が必要ですが、焼き上げたパンを無菌で長期間保つことはできませんでした。乾燥してしまうと、おいしいふくっら感も味もなくなります。水分や酸素を残すと、菌が増殖して腐

る可能性があります。何度も挫折しそうになりながらも、義彦さんは多くの仲間の協力とひらめきにより、これらの壁を乗り越えていきます。

◆情熱とひらめきから生まれたパンの缶詰

最初に解決できたのは、保存性の課題でした。近所にある農産加工センターで缶詰をつくる機械を目にしたとたん、「これだ！」とひらめいたのです。

さっそく缶の中に焼き上げたパンを入れてみましたが、開封してみるとカビが生えていました。焼き上げて冷却したパンは工場の中の浮遊菌のために、無菌状態を保つことができなかったのです。そこで、パン生地を缶に入れて、そのまま焼き上げることで、缶の無菌化も同時にできることに気づきました。さらには脱酸素剤を一緒に入れることで、無酸素状態を維持することができます。

次の問題は、そのまま焼くとパンが缶にくっついてしまうことでした。取り出しやすくするためには紙で包めばいいのではないかと考えて、まずベーキングシートを試してみると結露（水滴）が残りました。

次に思いついたのが、日本家屋に使われる障子の和紙です。和紙は室内の湿気を吸い込んでくれるので、適度な湿度を保ってくれます。試行錯誤の末でき上がった特殊な紙でパン生地を包むことで、焼き上がりの後の缶内の結露を防ぐことができました。

これにより3年たってもふっくらとしたパンを維持することが可能となり、開発から1年余りたった1996年、ついにパンの缶詰が完成したのです。

開発には成功したものの、最初はまったく売れませんでした。防災の日のイベントなどに参加して存在を知ってもらおうとしましたが、面白がられても販売には至りません。

ところが、2004年の新潟県中越地震でパンの缶詰が義援物資として活用され、多くのニュース報道で取り上げられたことで知名度が一気に高まり、一般消費者からの注文が殺到します。ついに生産が追いつかなくなり、沖縄にパンの缶詰専用工場を設けることになりました。

同年のスマトラ島沖地震では、スリランカの日本語学校の経営者から、「賞味期限ギリギリでよいからパンを送ってほしい」と依頼を受けました。賞味期限が過ぎれば廃棄されるパンですが、今、食料を求めている人にとっては宝になる。これが救缶鳥プロジェクト始動のきっかけになりました。多くの人の知恵と行動で、社会貢献が国際貢献へと発展していったのです。

義彦さんは、「社会貢献だなんて肩肘張ることなく、ただ本業を突きつめているだけ」と言います。現にコロナ禍で大変である地元の基幹病院3カ所の医療従事者へ、焼きたてのパンを無償で届けることも行いました。まさにパン屋という本業でできることを、即断即決で実行しているのです。

◆パンの缶詰が子どもたちの心をつなぐ

2010年のハイチ地震の被災地でのこと。現地の小さな子どもたちにパンの缶詰を義彦さんが手渡し、「おいしいから缶を開けて食べて」と呼びかけますが、誰ひとりとして開けません。義彦さんが「おいしいよ」と繰り返し言うと、子供たちは笑顔でこう返しました。「家に持って帰ってお兄ちゃんと食べる」「私はお母さんと」。子どもたちの純粋な目の輝きに感動した義彦さんは、事業の継続を改めて誓います。

この「救缶鳥」プロジェクトは、子どもたちの心をも動かしました。

ある中学校でのこと。ここでは入学時に全員が賞味期限3年の「パンの缶詰」を買います。そして卒業間近になった時、そのパンを自分で食べるか、世界に送るかを各自で決めるのです。ひとりの女生徒は送ることに決め、缶のメッセージ欄に、「I am happy with you（あなたと一緒にいられて幸せ）」と黒マジックで記し、「私でも国際貢献ができるのですね」と言って笑顔を見せました。

その缶は、2013年にフィリピンの小学校の女の子に届きました。台風被害による死者・行方不明者が８０００人にも及んだ被災地でした。女の子は缶にあるメッセージに気づきます。そして、こう思ったそうです。
「私の手の中にあるのは、パンではなく優しさです」

◆パンの底力を信じて

２０２０年の新型コロナウィルスは、那須という観光地にお店を構えるパン・アキモトにも多大な影響を及ぼしました。

しかし社長の義彦さんは「逆風の時こそできることがある」と言います。地域憩いの直売店「石窯パン工房きらむぎ」のサービスの見直しや、パンの缶詰の新商品開発、そして新たな市場開拓など、義彦さんの目にはパンの無限の可能性が見えているようでした。

地域のお客様だけでなく、地域の食材などあらゆる可能性を積極的に取り入れ、関わる方すべてを豊かな暮らしに導いていく。そしてパン屋さんである本業の周辺で、見返りを求めないグローバルな社会貢献活動を行う。

義彦さんの言う「片目で地元を見つめ、片目で世界を見据える」経営。このバランス経営こそが非価格経営の源といえるのではないでしょうか。

いい会社⑤

お客様の声を徹底的に聞くことで非価格経営を実現する

株式会社ベル（ビルメンテナンス／大阪府東大阪市）

ベル社は日本一の感動企業をめざし、会社の規模や売上、利益率よりも人本主義、人間尊重の幸せを軸としている。顧客の「願望価値」を抑えながら「期待価値」をクリアする価格設定で、安価競争と一線を画し、善の循環の徹底を追求する稀有なビルメンテナンス企業である。

◆愛と感動のビルメンテナンス

大阪に本社を構える株式会社ベルは、ビルメンテナンス業を展開しています。1992年に創業、資本金は1910万円、社員は265人（本社スタッフ45人、現場スタッフ220人）、年間売上高は6億8000万円。2011年には日本鳩対策センターへ加盟し、鳥害対策については東京都、栃木県にも拠点を出しています。

ビルメンテナンス業界は、同社のような独立系型と、大手企業系列型に大きく分かれています。系列型のほとんどは親会社の0Bや関係者が経営し、得意先は親会社や関係団体で、事実上、労務対策の受け皿的な体質となっているといいます。

清掃など現場の作業は表向き2次、3次請けの会社が行っていますが、実際には4次、5次請け会社が作業しているといっても過言ではありません。親会社の担当者は現場に顔を出すことがないため、クライアントの要望に応えられないケースが多いそうです。

こうした状況の中で、同社は「愛と感動のビルメンテナンス〝ありがとう！〟〝そこまでするか！〟〝さすがプロ！〟」をコーポレートスローガンに、日本一の感動企業をめざして活動しています。

同社のお客様の9割以上は、他の清掃会社、ビルメンテナンス会社からの乗り換えだといいます。現在、新規のお客様づくりのための営業はしていませんが、紹介とクチコミ、

奥斗志雄社長

ホームページなどで存在を知って、受注に至る流れができています。

しかし紹介であっても、車で1時間以上かかる仕事や夜の作業は受けません。ベル社は、社員の働く環境を最優先に考えているからです。

◆あえて広げず、深めることにこだわる

ベル社の非価格経営の根底にある考えは「既存顧客を徹底的に大事にする」ことです。そのため、事業拡大を求めての業務エリアの拡大や、新規顧客獲得のための開拓営業はいっさい行いません。その代わりに、既存顧客へのニーズ調査や巡回訪問によって、お客様からの生の声を吸い上げる仕組みを徹底してつくり上げています。

その一例が「社長へのイエローカード〈警告書〉」です。

これは、巡回訪問時の報告用紙とセットになってお客様に渡されます。受け取ったお客様は、このカードを使って、ベル社への要望や普段の業務に対する感想をベル社社長宛てに直接送ることができます。そのため、訪問時に担当のお客様が不在だったとしても、タイムリーに生の声を拾い上げることができるのです。

毎月各所から届くイエローカードを受け取った奥社長は、どんな内容であっても、必ず返事を出しているそうです。「お客様に、自分の意見が受け止められていることを実感してもらうことが重要。そうすれば、次の機会にもきちんと意見を言ってもらえる関係になれますから」と奥社長は語ります。

こうした行動の積み重ねの結果、顧客との信頼が深まり、同じ顧客から別の業務を依頼されることも多くなり、無理に新規開拓をする必然性もなくなるのです。

同様に同社では、クレーム対応は社内の最優先事項として位置づけられています。「クレームには、連絡があってから1時間以内に対応する」「お客様から電話があった場合は、担当者が不在であっても15分以内に必ず連絡する」という徹底したお客様目線の仕組みをつくり上げているのです。

◆提案型営業を追求する

ベル社のミッションは「人と建物を明るく元気にする」ことです。建物を使っている人が「この空間気持ちいい、頑張っている姿を見て励まされる」など、建物を使用する人を元気にすることを大切にしたいという想いです。

そのため、物件を綺麗にするのはもちろん、作業中の挨拶や笑顔や気遣いが加わり、心地よい落ち着く空間をお客様に届けています。

新規開拓に力を注いでいなくても、口コミやホームページからの見積依頼をされることも多いベル社。同業他社との相見積もりや乗り換え発注の場合は、見積もりを依頼することになった経緯からていねいに話を聞くことから始まります。

単に「(質は変えずに) 価格を下げたいという希望の場合は、お断りすることも少なくありません」と事業部長の武岡さん。顧客の「願望価値」を抑えながら「期待価値」をクリアできる価格設定でなければ、クリーンキーパーのみなさんに「そこまでするか」「さすがプロ!」と言ってもらえるレベルの仕事をしてもらえない。品質を維持するためには安価競争と一線を画し、大口の受注であってもはっきりと断る勇気が必要なのです。

2020年春、世の中が混乱に満ちた新型コロナウイルスの影響は、もちろんベル社にも及びました。奥社長は社員の安全が最優先と考え、万全の状態を確保し、お客様のほうで安全対策ができていない仕事であれば断ることを考えました。

一番悩んだのは、院内感染の恐れがある病院での仕事です。ビルメンテナンスのプロのベル社には、消毒業務の経験はなかったものの、院内感染を防ぐためのゾーニング（注意を払うレベルによってその段階ごとに区域を分け、使用する用具や方法を使い分けること）の技術がありました。

奥社長は悩みぬいた末、これまでご縁のあった既存の顧客だけを対象に、消毒作業も含めた感染症対策サービスを提供することを決めました。社内の感染防止対策も徹底し、現場の社員1人ひとりには「使命を果たしてもらいたい」と手紙を書いたそうです。

この時、200名を超えるクリーンキーパーさんのほぼ全員がリスクに立ち向かい業務に当たってくれたのは、会社との信頼関係が平常時から築かれていたからに他なりません。「いざという時に頼りになる」と仕事ぶりが評価され、既存顧客からもいっそう信頼してもらえるようになったそうです。

◆「手伝いにきたよ」の姿勢で

すべての社員に「ベルイズム」をもって働いてもらうためには、どうしたらいいか。

ベルのスタッフは大きく、「クリーンキーパー」と呼ばれる現場スタッフと、キーパーさんを支える本社スタッフに分かれます。本社スタッフは、確認のために現場を巡回します。

巡回スタッフは、キーパーさんに気持ちよく質のいい仕事をしてもらうために、「管理をしに行くのではない」姿勢を明確にするように心がけています。

清掃の巡回訪問というと、どうしても粗探しのようになってしまうのが常。でもそれでは本社スタッフは「来てほしくないお客さん」になってしまい、キーパーさんと距離感ができてしまいます。

ベルの巡回訪問は、「手伝いにきたよ」というスタンスで、普段は行き届かない高所や細かな個所を一緒に清掃します。真夏でも台風でも、どんな寒さの中でも現場に立ち、日々を支えてくれているのは200名を超えるキーパーさんです。「巡回は、現場の最前線で働いている方の心を知るために行くのです」という奥社長の言葉には、自社で働くすべての人に、誇りと尊厳をもって働いてもらいたいという願いが込められています。

ベル社は就業時間の10％を研修教育に当てるというほど、人財育成に力を入れていることでも知られています。

人手不足といわれるこの業界において、ベル社には年間100名近くの応募者があり、その中から毎年1～5名の内定者が選ばれます。その内定者には入社前にちょっと変わった研修課題が課せられます。なんと驚いたことに、翌年の会社案内をつくるというのです。

内定者たちは実際に自分たちが働きだす前から、自分たちの会社はどんな人がどんなところで働いているか、知識だけでなく実際の取材を通して目の当たりにすることにより、会社への愛着を深めていきます。

これは延べ数百時間に及ぶベル社の数ある研修の中の、ほんの一例にすぎません。毎朝45分以上をかける長い朝礼は、経営理念を浸透させ、情報を共有化し、気持ちを切り替えて笑顔で仕事に向かう大切な教育の場になっています。

また、人間力養成のための「人づくり勉強会」、他社との違いやビジネスマナーについても学べるクリーンキーパーさん向けの勉強会など、多岐にわたる研修が用意されています。

◆三方よしの会社であるために

ベル社ではCSR活動の一環として、さまざまな取り組みを進めています。業界の革新を志す同業者が集まり、2002年、日本で初めて「日本ビルメン経営品質協議会」を立ち上げました。これは、お客様側、企業側、そして第三者から見ても適正な評価ができる基準や定義・仕組みを創造する会で、この業界をよりよくすることを目的としています。

2012年には、「なかよし協定」をつくりました。

災害時には、独自では十分にお客様と社員を保護するための対応ができない場合があります。そんな時、被害を受けていない会社が被災会社を応援する体制をつくり、応急、復旧、復興対策を円滑に遂行するための協定です。

また、2017年には、「一般社団法人きらめく5S学校」を設立。管理手法に陥るのではなく、「自らが、考え、行動し、発信し、反省していくことで、生きる力をつける人づくりの人間性尊重の5S活動」を社会に広めています。

さらに2019年には、社員が安心して働ける環境づくりのために、企業主導型保育園「ふくふく保育園」を開園しました。0歳から2歳の子どもたちに寄り添った保育を行うこの園は地元にも解放しており、地域社会に貢献しています。

ベル社は、「人づくり経営」について高い評価を得、「第7回　日本でいちばん大切にしたい会社大賞審査員特別賞」「2016年関西IT百選優秀賞」など数多くを受賞。

同社の社是は、「仕事を通じて、関わる人を幸せにしましょう」です。全従業員の物心両面の幸福を追求し、お客様に役立ち、社会に役立ち、存在そのものが社会貢献となる日本一の感動企業、ベル社の果てしない挑戦は続いています。

〈事例執筆〉

千葉商科大学大学院2020年度
中小企業人本経営（EMBA）プログラム生
（「人を大切にする経営学会」人財塾３期生）

青柳喜彦	佐藤美里
浅野隆司	島村　剛
阿部弘明	鈴木陽介
荒木康史	鷹取宏尚
有村知里	竹中健造
飯島彰仁	田﨑　薫
飯田康介	田原誠一郎
石井康文	櫨丈一郎
板井川浩	橋本輝明
岩田潤平	長谷川彬
遠藤恒介	林　　稔
大川晃央	弘中美光
大坪尚宏	堀　正仁
金子奈美	道場　肇
小林園子	諸橋　彰
斎藤任弘	山本隆行
坂井　了	葭野一恵
櫻田桂嗣	渡邉　佑

（50音順）

編著者代表

坂本光司（さかもと・こうじ）

1947年、静岡県（焼津市）生まれ。経営学者。静岡文化芸術大学教授や法政大学大学院教授などを歴任。現在は、人を大切にする経営学会会長、千葉商科大学大学院商学研究科中小企業人本経営（EMBA）プログラム長、日本でいちばん大切にしたい会社大賞審査委員長、他公職多数。徹底した現場派研究者であり、この50年間で訪問調査・アドバイスをした企業は8000社以上となる。専門は中小企業経営論・地域経済論・福祉産業論。

近著　『経営者のノート』2020年　あさ出版
　　　『日本でいちばん大切にしたい会社7』2020年　あさ出版
　　　『日本でいちばん大切にしたい会社6』2018年　あさ出版
　　　『人を大切にする経営学講義』2017年　PHP研究所
　　　『日本でいちばん大切にしたい会社5』2016年　あさ出版
　　　『日本でいちばん社員のやる気が上がる会社』2016年　ちくま新書

●自宅連絡先
〒421-0216　静岡県焼津市相川1529
電話　054（622）1717
E-mail　k-sakamoto@mail.wbs.ne.jp

〈編著者〉
藤井　正隆　千葉商科大学大学院商学研究科 客員教授
石川　勝　千葉商科大学大学院商学研究科 特命教授
水沼　啓幸　千葉商科大学大学院商学研究科 客員准教授
坂本　洋介　千葉商科大学大学院商学研究科 客員准教授

●人を大切にする経営学会事務局
〒102-0073　東京都千代田区九段北1-15-15 瑞鳥ビル（株式会社イマージョン内）
電話　03（6261）4222　FAX　03（6261）4223
URL　https://www.htk-gakkai.org/

もう価格《かかく》で闘《たたか》わない
非価格経営《ひかかくけいえい》を実現《じつげん》した24社《しゃ》の取《と》り組《く》み　〈検印省略〉

2021年　4月　14日　第　1　刷発行

著　者――坂本 光司（さかもと・こうじ）
発行者――佐藤 和夫

発行所――株式会社あさ出版
〒171-0022 東京都豊島区南池袋2-9-9 第一池袋ホワイトビル 6F
電　話　03（3983）3225（販売）
　　　　03（3983）3227（編集）
F A X　03（3983）3226
U R L　http://www.asa21.com/
E-mail　info@asa21.com
振　替　00160-1-720619

印刷・製本（株）シナノ

facebook　http://www.facebook.com/asapublishing
twitter　http://twitter.com/asapublishing

ISBN978-4-86667-278-6 C2034